Das Kind und seine Entwicklung

herausgegeben von
Jerome Bruner, Michael Cole und Barbara Lloyd

Ross D. Parke

Erziehung durch den Vater

Klett-Cotta

Die englische Originalausgabe erschien unter dem Titel
Fathering bei Fontana/Open Books, London.

Die Übersetzung besorgte Thomas M. Höpfner, Berlin

Printed in Germany 1982
Umschlag: Manfred Muraro nach einem Entwurf von Heinz Edelmann
Satz: G. Müller, Heilbronn
Druck: Gutmann + Co., Heilbronn

CIP-Kurztitelaufnahme der Deutschen Bibliothek

Parke, Ross D.:
Erziehung durch den Vater / Ross D. Parke. [Die
Übers. besorgte Thomas M. Höpfner]. – Stuttgart :
Klett-Cotta, 1982.
(Das Kind und seine Entwicklung)
Einheitssacht.: Fathering ⟨dt.⟩
ISBN 3-12-936430-7

Inhalt

Für meine Mutter
und meinen Vater

Vorwort der Herausgeber

In den letzten zehn Jahren wurde eine Menge wichtiger Forschungen über die Entwicklung des Menschen in all ihrer reichen Mannigfaltigkeit durchgeführt, vielfach mit dem Direktziel, das Wohlergehen des heranwachsenden Kindes zu fördern und ihm in seinem Streben nach voller Entfaltung seiner Kräfte und Möglichkeiten zu helfen. In der Regel erreichen neue Erkenntnisse dieser Art den intelligenten, interessierten Laien nur langsam und stückweise. Mit dieser Reihe möchten wir die neuen Erkenntnisse rasch, aber ohne Simplifizierungen den zahlreichen Menschen erschließen, die verantwortungsvoll daran mitwirken, eine neue Generation großzuziehen.

Jerome Bruner, University of Oxford
Michael Cole, University of California, San Diego
Barbara Lloyd, University of Sussex

Danksagung

Meine eigenen Forschungsarbeiten, über die ich in diesem Buch berichte, wurden in den letzten zehn Jahren von verschiedenen Einrichtungen unterstützt: Der Grant Foundation, der National Foundation March of Dimes, dem National Institute of Child Health and Human Development, der Graduate School der University of Illinois und dem Fels Fund, Philadelphia. Eine Reihe Personen an der University of Wisconsin, dem Fels Research Institute, dem College of Medicine der University of Cincinatti sowie unlängst auch an der University of Illinois haben Wichtiges zu dem Forschungsprogramm beigetragen. Eine frühe, unentbehrliche Mitarbeiterin war Sandra O'Leary. Douglas Sawin, mein Freund und Mitarbeiter am Fels Research Institute und an der University of Cincinatti, steuerte Klugheit, Einsatzfreude und moralische Unterstützung bei. Thomas Power und Barbara Tinsley arbeiteten an der University of Illinois an unseren Forschungen über Väter. Steve Asher lieferte hilfreiche Kommentare zu frühen Kapiteln dieses Buches, Graeme Russell wertvolles Material und Erkenntnisse für das Schlußkapitel. Besonders dankbar bin ich Barbara Tinsley für Zuspruch und detaillierte Rückmeldungen in allen Stadien des Textes. Das Buch wurde abgeschlossen, als ich an der Macquarie University in Australien als Visiting Research Scholar tätig war; ich danke Jacqueline Goodnow dafür, daß ich dort sein und arbeiten konnte. Eric Wanner hat mich immer wieder ermutigt und mich redaktionell beraten, Camille Smith machte mit großem Geschick die Endfassung druckfertig, und Elaine Babb hat zahlreiche schwer zugängliche Statistiken und Werke beschafft. Brenda Congdon und Eileen Posluszny danke ich für die Herstellung des Typoskripts. Und schließlich gilt mein Dank meiner Frau Sue sowie meinen Kindern Gillian, Timothy und Megan, die mich unterstützten und berieten, als ich dieses Buch schrieb. Zu guter Letzt möchte ich anderen Vater-Forschern und den vielen Familien danken, die uns entgegenkamen, indem sie uns Einblicke in Vatersein und väterliche Fürsorge boten.

Kapitel 1
Vaterschaft – Mythen und Realität

Aus der Anthropologie stammt das Wort, Väter seien eine biologische Notwendigkeit, aber ein sozialer Zufall. Im größten Teil des gegenwärtigen und im ganzen vergangenen Jahrhundert hat unsere Kultur mit dieser Ansicht gelebt. Es ist Tradition, Väter so darzustellen, als hätten sie mit der Pflege und Betreuung des Kindes nichts zu tun: Während die Frau das Kind bekommt, laufen sie nervös im Wartezimmer auf und ab; später wechseln sie weder eine Windel, noch wärmen sie das Fläschchen, sondern machen im allgemeinen einen großen Bogen um die Kinderstube und überlassen die Verantwortung für die Kindererziehung fast gänzlich ihren Frauen. Auf ihre Rolle als Ernährer der Familie festgelegt, boten diese herkömmlich-mythischen Väter ihren Kindern ein starkes, jedoch distanziertes Vorbild und unterstützten ihre Frauen allenfalls moralisch und materiell. Ansonsten waren diese Väter wirklich so etwas wie ein sozialer Zufall und beteiligten sich kaum aktiv an der Kindererziehung.

Ob solche klischeehaft-unbeteiligten Väter überhaupt jemals in größerer Zahl existiert haben, ist strittig. Heute jedenfalls gibt es keinen einheitlichen Vatertyp. Manche Väter bleiben unbeteiligt, manche nehmen aktiv an der Erziehung teil, manche ziehen Kinder gar allein auf. Verschiedene technologische, wirtschaftliche und ideologische Veränderungen in unserer Gesellschaft definieren neu, was Vatersein heißt. Ob aus Gründen der persönlichen Erfüllung oder aus ökonomischer Notwendigkeit – heute arbeiten mehr Frauen denn je ganztägig außerhalb des Hauses. Auch kehren Frauen heute nach der Geburt des Kindes früher an den Arbeitsplatz zurück. Demzufolge übernehmen Väter mehr Verantwortung für die Säuglings- und Kinderpflege. Einst konnte man sich auch auf ein sicherndes soziales Netz von Tanten und Großeltern verlassen, die im Notfall Kinder betreuten. Die heutige Kernfamilie ist viel isolierter, eine Folge der hohen geographischen Mobilität, die unsere Wirtschaft erfordert. Höchstrichterliche Entscheidungen haben auch bei Vätern etwas bewirkt: Mehr als früher begehren geschiedene Väter jetzt das Sorgerecht für ihre Kinder. Im Zuge all dieser Veränderungen nehmen Väter häufiger an der Frühbetreuung und Erziehung ihrer Kinder aktiv teil. Da Väter nun einmal in eine durch die gesellschaftlichen Verhältnisse entstandene Bresche gesprungen sind, ist es kein Zufall, daß eine neue Vaterschaftsideologie am alten Klischee zu kratzen beginnt. Der Vater mit der Sicherheitsnadel für Windeln im Mund ist keine komische Figur mehr. Der Idealvater nach neuester Mode besucht zusammen mit seiner Frau Vorbereitungskurse für Säuglingspflege, steht ihr während der Wehen bei, ist bei der Niederkunft um sie und beteiligt sich an der Pflege und Fütterung des Säuglings, zumal wenn seine Frau wieder arbeiten geht. Kein sozialer Zufall mehr, sind Väter aktive Elternschaftspartner und beeinflussen unmittelbar die Entwicklung ihrer Kinder.

Wie weit die Einbeziehung des modernen Vaters mittlerweile wirklich geht und welche Folgen sie für seine Kinder, seine Frau, das Familienleben und für ihn selber hat – diese Kernfragen moderner Vaterschaft werde ich in diesem Buch behandeln. In den letzten zehn Jahren haben Psychologen und andere Forscher, angeregt durch die Popularität des Vaters als Kinderbetreuer, anhand vieler Fragen untersucht, wie sich Väter ihren Kindern gegenüber eigentlich verhalten und wie sich dieses Verhalten auf die Entwicklung der Kinder auswirkt. Es ist inzwischen klar, daß Väter eine wichtige und einzigartige Rolle in der Entwicklung des Kindes spielen können.

Zunächst werden wir die Rolle des Vaters vor der Geburt des Kindes betrachten. Ändern Väter ihr Verhalten während der Schwangerschaft der Mutter? Erfolgt bei ihnen eine psychische Anpassung, wenn sie Familienzuwachs erwarten? Wie wirkt die Schwangerschaft auf die Beziehung zwischen den Ehegatten ein? Erleben Väter durch Vorbereitungskurse für pränatale und postnatale Pflege die Geburt bewußter, und lassen sich anhaltende Auswirkungen auf ihre Beziehung zu dem Kinde feststellen? Reagieren Väter, die bei Wehen und Entbindung anwesend sind, auf ihre Neugeborenen anders? Auch wenn sie die Geburt versäumen, sind Väter nicht mehr auf den traditionellen Blick durchs Fenster in der Abteilung für die Neugeborenen angewiesen. Wie reagieren Väter auf Neugeborene, wenn sie Gelegenheit bekommen, sie in der Klinik zu berühren und zu halten? Le-

gen Väter gegenüber sehr jungen Babys dasselbe Verhalten an den Tag wie Mütter?
Wenn das Kind älter wird, gewinnt ein anderer Fragenkomplex Bedeutung. Es ist natürlich, daß man sich fragt, ob die aktive Beteiligung des Vaters an der Erziehung Jungen und Mädchen unterschiedlich beeinflußt. Behandeln Väter ihre Töchter anders als ihre Söhne? Und wenn ja: inwiefern und in welchem Alter? Wie wichtig ist der Einfluß eines Vaters auf die Entwicklung der sexuellen Identität und des sozialen Vertrauens beim Kind? Wie kann ein Vater die intellektuelle Entfaltung seines Kindes prägen? Die meisten Väter sind zugleich Ehemänner. Wie wirkt sich ihr Verhalten zu ihren Frauen auf ihre Kinder aus? Zum Teil wird der Einfluß des Vaters auf seine Kinder indirekt durch die Mutter vermittelt; denn der Vater kann die Gefühle und das Verhalten der Mutter in bezug auf die Kinder lenken. In der modernen Gesellschaft existieren Familien in mancherlei Gestalt. Das traditionelle Familiengefüge, in dem die Mutter vor allem den Haushalt führt und die Familie betreut, während der Vater den Lebensunterhalt der Familie bestreitet, ist nur eine der vielen möglichen Formen der Familienorganisation. In vielen Familien sind beide Eltern berufstätig, und in ein paar Familien tauschen Mutter und Vater die Rollen, so daß die Mutter außerhalb des Hauses arbeitet und der Vater daheim bei den Kindern bleibt. Welche Folgen haben diese Arrangements? Die hohe Zahl der Ehescheidungen in unserer Zeit läßt viele unvollständige Familien (mit nur einem Elternteil) zurück, und die Wiederverheiratung bringt komplizierte Beziehungen zwischen Stiefeltern und Stiefkindern mit sich. Wie wirkt sich die Scheidung auf die Vater-Kind-Beziehung aus? Wie kommen Väter allein und Stiefväter mit der Kinderbetreuung zurecht? Entwickeln sich Kinder, wenn von den Eltern nur der Vater oder die Mutter um sie ist, anders als im Zusammenleben mit beiden Eltern?
Und schließlich werden wir die Auswirkungen der Gesellschaft auf Väter und väterliche Betreuung untersuchen. In welcher Form wird Vätern geholfen, ihre Rollen zu erlernen und mit Erfolg zu spielen? Für die Sozialwissenschaft sind Väter erst seit relativ kurzer Zeit ein Studienobjekt, und viele dieser Fragen lassen sich noch nicht restlos beantworten. Aber unser Wissensstand ermöglicht es immerhin, mit vielen Vater-Mythen aufzuräumen.

Theorien des Vaterseins

Die Psychologie hat Väter lange ignoriert. Einer der Hauptgründe für die wissenschaftliche Vernachlässigung des Vaters waren unsere psychologischen Elternschaftstheorien. Theorien sind Ahnungen davon oder Behauptungen darüber, wie die Welt vermutlich funktioniert. Theoretiker helfen uns, die Probleme und Kernfragen auszuwählen, die wahrscheinlich am meisten dazu beitragen können, daß wir die Entwicklung von Kindern besser verstehen lernen. Aber Theoretiker engen uns auch ein und verleiten uns dazu, manche Probleme beiseite zu schieben und dafür lieber andere zu untersuchen. Wir haben Väter nicht etwa zufällig vergessen; wir haben sie vorsätzlich ignoriert, weil wir annahmen, daß ihr Einfluß auf das Kind in der Entwicklung weniger wichtig sei als der Einfluß der Mütter. Unsere Theorien entsprachen der traditionellen Vorstellung vom abseitsstehenden Vater. Zwei Theoretiker spielten in dieser historischen Entwicklung besonders wichtige Rollen: der Psychoanalytiker Sigmund Freud und der britische Psychiater John Bowlby.

Einer der bedeutendsten und dauerhaftesten Beiträge Freuds war seine Theorie der frühen sozialen Entwicklung. Nach Freud erlangen auf verschiedenen Entwicklungsstufen verschiedene, mit bestimmten Körperzonen (Mund, Genitalien usw.) assoziierte Befriedigungen Bedeutung. Zum Beispiel war Freud der Meinung, daß der Oralbereich und orale Aktivitäten für den Säugling im Zusammenhang mit Essen, Saugen, Beißen und Schlucken sehr wichtig seien. Da – zumindest im Wien der Jahrhundertwende – meist die Mutter das Baby fütterte und betreute, schrieb Freud der Mutter eine tragende Rolle in der Entwicklung des Kleinkindes zu. Freud glaubte, daß die Beziehung des Kleinkindes zu seiner Mutter seine spätere Persönlichkeit und seine späteren Sozialbeziehungen in bedeutsamer Weise forme. Väter wurden im Grunde genommen ignoriert. Freud erachtete ihren Einfluß im frühen Kindesalter als gering. Erst in einer späteren Periode der Kindheit hatten Väter in Freuds Entwicklungstheorie einen Platz. Viele Freud-Nachfolger haben die große Bedeutung, die er dem Säuglingsalter für die spätere Entwicklung beimaß, akzeptiert und dadurch seine Auffassung, die Mutter sei die primäre Sozialisationskraft, fortbestehen lassen.

Spätere Theoretiker haben sich die ursprünglichen Details der Freudschen Theorie nicht zu eigen gemacht. Dennoch leben viele seiner zentralen Gedanken in anderer Form weiter. In den vierziger und fünfziger Jahren dieses Jahrhunderts versuchten Lerntheoretiker wie Robert Sears und John Whiting, Freuds Ideen in die Sprache moderner Lerntheorien zu übersetzen (1). Diese Psychologen nahmen an, daß Babys durch die Reduktion elementarer biologischer Triebe wie Hunger und Durst Befriedigung gewinnen würden. Die Mutter wurde für das Kleinkind wichtig, weil sie der Elternteil war, der es gewöhnlich fütterte (das heißt, seinen Hungertrieb befriedigte). Da Väter normalerweise mit der Fütterung des Babys wenig zu tun hatten, hielt man ihre Bedeutung in der frühkindlichen Entwicklung für minimal.

John Bowlby sah die frühe Entwicklung zwar anders als Freud, kam aber letzten Endes zum gleichen Ergebnis: Die Mütter wurden als die wichtigsten Figuren in der frühen Kindheit geschildert. In den vierziger Jahren war Bowlby ein prominenter Kritiker von Institutionen und Waisenhäusern, wo Babys und Kinder kein angemessenes soziales und emotionales Verhalten entwickelten. Genau wie andere einflußreiche Forscher, darunter René Spitz und Margaret Ribble, erblickte Bowlby in dem „Mangel an mütterlicher Zuwendung und Pflege“ die Ursache dieser Entwicklungsprobleme (2). Auf diesen frühen Vermutungen baute er in seiner klassischen Abhandlung „The Nature of the Child's Tie to His Mother“ auf, einem beredten Plädoyer für die besondere Bedeutung der Mutter in der Frühentwicklung ihres Kindes. In späteren Aufsätzen und Büchern entwickelte Bowlby seine Ansicht über die Bedeutung der Zuwendungsbindung weiter, d.h. über den Prozeß, durch den das Kleinkind dazu kommt, bestimmte Erwachsene, besonders seine Mutter, anderen vorzuziehen (3). Bowlby schlug vor, Bindung als eine Folge von triebmäßigen Reaktionen zu sehen, die für Schutz und Fortbestand der Spezies wichtig sind. Weinen, lächeln, saugen, sich anklammern und nachlaufen – all dies löst bei der Mutter Betreuungs- und Schutzhandlungen aus, die für das Baby notwendig sind, und fördert den Kontakt zwischen Mutter und Kleinkind. Bowlby betonte, daß die *Mutter* das erste und wichtigste Bindungsobjekt für das Baby sei. Die Mutter ist biologisch darauf eingestellt, auf diese frühkindlichen Verhaltensweisen zu reagieren, genau wie das Kleinkind prädisponiert ist, auf die Anblicke, Geräusche sowie Pflege- und Schutzhandlungen, die seine menschlichen Betreuer ihm bieten, zu reagieren. Nach Bowlbys Ansicht fördern diese biologisch programmierten Systeme bei Mutter und Kleinkind das Entstehen von gegenseitiger Bindung. Für uns ist hier wichtig, daß Bowlby die Mutter als eine Zentralfigur in der frühen Entwicklung herausstellt. Väter waren bei ihm einfach sekundär und unterstützten bestenfalls die Mutter.

Es stimmt, daß Väter zu allen Zeiten in der Geschichte des Westens im Grunde nur eine geringe Rolle bei der Betreuung und Fütterung von Babys gespielt haben (4). Überdies zeigen anthropologische Belege, daß es dieses Schema nicht nur in der westlichen Hemisphäre gibt. In den meisten Kulturen sind primär die Mütter die Betreuungspersonen, während die Väter in der Kindererziehung eine unbedeutendere Rolle spielen (5). Es wäre aber ein Fehler, daraus auf eine biologische Notwendigkeit der mütterlichen Betreuung zu schließen. Es gibt eine signifikante Minderheit von Kulturen, in denen die Betreuung kleiner Kinder gleichmäßiger auf Männer und Frauen verteilt ist. Bei den Trobriandern in Melanesien zum Beispiel wirkt der Vater aktiv an der Betreuung, Fütterung und am Transport kleiner Kinder mit. Ebenso teilen sich in einigen anderen Kulturen, z.B. bei den Taira auf Okinawa und den Ilocos auf den Philippinen, Vater und Mutter die Säuglings- und Kinderbetreuung. Nach diesen Ausnahmen zu urteilen, ist die Rolle von Vater und Mutter nicht biologisch festgelegt. Vielmehr ist die Definition der Geschlechterrollen je nach den sozialen, ideologischen und physischen Bedingungen in verschiedenen Kulturen sehr verschieden.

Einem anderen Argument zufolge sind Väter im Gegensatz zu Müttern von der Natur schlecht dafür gerüstet, aktiv bei der Kindererziehung mitzuwirken. Auf die biologische Besonderheit der Betreuung durch die Mutter verweise die Tatsache, daß unsere tierlichen* Vorfahren die Geschlechterrollen klar abgrenzen; männliche Affen, Menschenaffen und Paviane befassen sich im allgemeinen nicht mit Baby- und Kinderbetreuung. Irven DeVore beobachtete freilebende Gelbe Babuine und stellte fest, daß die erwachsenen Männchen sich für Babys wenig interessierten (6). Sie beschützten stattdessen den ganzen Trupp. Ähnliches wird über Rhesusaffen in der Gefangenschaft berichtet. Harry Harlow und seine Kollegen studierten die Reaktionen männlicher und weiblicher Affen auf junge Babys in einem Versuchsraum-Milieu. Die Männchen und die Weibchen erfüllten eindeutig verschiedene Pflichten. Bei den Weibchen war das Zutagetreten einer Pflege- und Schutzneigung in bezug auf Babys um das Vierfache wahrscheinlicher als bei den Männchen, und Feindseligkeit gegen Babys kam bei Männchen zehnmal so oft vor wie bei Weibchen (7). Kurzum, bei Tieren wie beim Menschen deutet vieles darauf hin, daß das männliche Geschlecht in die Betreuung, die Pflege und den Schutz von Kleinkindern weniger einbezogen ist als das weibliche. Doch stützen nicht alle Untersuchungen tierlicher Verhaltensweisen die traditionellen Auffassungen von der Rolle des Vaters. Neuere Beobachtungen an Tieren haben gezeigt, daß Männchen sogar in bezug auf Babys eine väterliche Rolle übernehmen können. Bei einigen nichtmenschlichen Primatenspezies kümmern sie sich im Freiland gelegentlich als Beschützer und Betreuer um Kleinkinder. Marmosetten und Tamarins, in Mittel- und Südamerika lebende Krallenaffen, gehören zu den aktivsten Affenvätern. Sie tragen Babys in den ersten Lebensmonaten tagsüber, kauen sehr jungen Babys nicht selten Futter vor und assistieren manchmal sogar bei der Geburt. Bei anderen Affenarten wie den Magots in Afrika beteiligen sich Männchen an der Betreuung von Babys, indem sie sie halten, ihr Fell pflegen, sie tragen und beschützen. Sogar männliche Rhesusaffen, die im Freiland selten ein elterliches Verhalten zeigen, „sind zweifellos dazu fähig, wenn sie die entsprechende Gelegenheit im Versuchsraum bekommen“ (8). William Redican brachte im Labor erwachsene männliche Rhesusaffen mit Rhesusaffenbabys in einer Behausung unter und beobachtete, daß diese Männchen ebenso oft wie die Mütter mit den Babys spielten, sie beschützten und putzten. Allerdings gibt es große Unterschiede zwischen den einzelnen Tierspezies, und die

* *Anm. d. Übersetzers:* Mit der Verwendung des Ausdrucks „tierlich“ statt „tierisch“ schließt sich der Übersetzer Prof. Dr. Dr. Bernhard Grzimek an, der im Vorwort zum ersten Band von *Grzimeks Tierleben* (Zürich 1971) schreibt: „Wir vermeiden außerdem alle Ausdrücke, die das Tier abwerten. Mit mir sprechen schon heute viele Zoologen nicht mehr von tierischem Verhalten, sondern von tierlichem Verhalten; es erscheint uns die angemessene Entsprechung zu menschlichem Verhalten. (Wir unterscheiden ja auch zwischen kindisch und kindlich. Warum sollten wir da nicht zwischen tierisch und tierlich unterscheiden?)...“

Quantität des Mitwirkens von Männchen an der Betreuung ist durchaus unterschiedlich, was zum Teil davon abhängt, wieviel Beteiligung die Weibchen gestatten. Wenn die Affenmutter es erlaubt, können sich die Männchen stärker engagieren. Wichtig ist hier: Was darüber an Erkenntnissen aus dem Tierreich vorliegt, spricht nicht für die Auffassung, daß väterliches Verhalten biologisch unmöglich sei. Selbst bei Tierarten, wo das Männchen normalerweise keine aktive väterliche Fürsorge demonstriert, kann es unter den richtigen Bedingungen zu väterlichem Pflege- und Schutzverhalten kommen.

Eine andere Version des biologischen Arguments besagt, daß die Verhaltensform „Bemuttern" bei Weibchen durch hormonale Veränderungen im Zuge von Schwangerschaft und Geburt ausgelöst wird. Da es diese hormonalen Veränderungen bei Vätern nicht gibt, so diese Beweisführung weiter, sind Väter biologisch auf ein „Bevatern" nicht vorbereitet. Unlängst legten Jay Rosenblatt und seine Kollegen Material aus der Tierforschung vor, demzufolge Betreuungsverhalten nicht an Hormone gebunden sein muß (9). Wie ihre gründlichen Studien beweisen, zeigen sowohl jungfräuliche weibliche als auch männliche Ratten elterliches Betreuungsverhalten, wenn sie lange genug mit neugeborenen Babys zusammen sind. Wie es aussieht, können also Umweltbedingungen den Effekt von Hormonen überspielen und als Faktoren, die die Reaktionen des männlichen (und des weiblichen) Geschlechts auf Kleinkinder bestimmen, im Endergebnis wichtiger sein als kurzlebige hormonale Veränderungen.

Der Mythos der biologischen Einstimmung auf elterliches Betreuungsverhalten ist eben nur ein Mythos. Er kann eindeutig nicht die begrenzte Rolle rechtfertigen, die Väter bisher in der Pflege und Betreuung von Babys und Kindern gespielt haben. Kurzum, es gibt keine annehmbare Theorie des Vaterseins, die Vätern unbedingt eine zweitrangige Rolle in der Kinderbetreuung zuweist. Und es gibt auch keinen Grund, daß ein Elternteil – gleich, welchen Geschlechts – den stärkeren Einfluß auf die Entwicklung des Kindes haben sollte, auch wenn alles für die Annahme spricht, daß Mütter und Väter ihre Kinder nicht in derselben Art lenken. Väterliche Fürsorge untersucht man heute weitgehend nicht mehr anhand überholter Elternschaftstheorien, sondern durch unmittelbares Beobachten von Eltern und

Kindern. Wir wissen jetzt viel darüber, wie Väter sich ihren Kindern gegenüber verhalten, worin sich dieses Verhalten vom mütterlichen unterscheidet, und welche Einflüsse dieses Verhalten ausüben kann.

Väter verstehen lernen

Die meisten von uns denken, daß Väter auf ihre Kinder direkt durch ihren täglichen unmittelbaren Kontakt einwirken. Demnach, schließen manche, müssen Väter weniger Einfluß haben als Mütter, weil sie weniger Zeit mit den Kindern verbringen. Das aber muß nicht stimmen.

Es gibt sehr unterschiedliche Schätzungen darüber, wieviel Zeit Väter mit ihren Kleinkindern verbringen. Nach den meisten Berichten ist es jedenfalls erstaunlich wenig. In einer neueren Untersuchung über Mittelschicht-Eltern in Boston stellte Milton Kotelchuck fest, daß Mütter die Hauptverantwortung für die Aufzucht ihrer sechs bis 21 Monate alten Kleinkinder trugen. Mütter waren mehr bei ihren Babys als Väter (täglich 9 gegenüber 3,2 Stunden) (10). Ähnliche Muster sind in Großbritannien belegt (11). Internationale Erhebungen darüber, wieviel Zeit Väter und Mütter für das Kind aufbringen, bestätigen diese Daten. In Frankreich und Belgien verwenden Mütter im Vergleich zu Vätern sogar mehr Zeit auf die Kleinkinderbetreuung (12). Aber die Zeit, die sie ihren Kindern widmen, ist als Determinante für den Einfluß von Vater oder Mutter nicht ausschlaggebend. Der reine Zeitaufwand zählt weniger als die Qualität der Interaktion. Studien über berufstätige Mütter haben durchweg erwiesen, daß sich die rein zeitliche Begrenzung der Kontakte infolge mütterlicher Berufstätigkeit nur wenig auf die Entwicklung von Kindern auswirkt (13). Ein besseres Instrument zur Entwicklungsprognose ist, wie effektiv die Mutter ihr Zusammensein mit dem Kind nützt. Für das Kind verfügbar zu sein ist nicht das A und O. Vermutlich trifft dies auch auf Väter zu. Die eigentliche Frage lautet nicht, wieviele Stunden am Tage ein Vater mit seinem Kind verbringt, sondern was er mit dem Kind anfängt, wenn er da ist.

Zweifellos können Väter eine wichtige, unmittelbare Rolle in der Entwicklung ihrer Kinder erfüllen. Sie berühren sie, sie sprechen mit ihnen, sie kitzeln sie – und nehmen auf diese Weise Kontakt mit dem Baby und dem Kind auf. Auch organisieren Väter die Aktivitäten ihrer Kinder. So können sie das Verhalten ihres Kindes zum Beispiel dadurch lenken, wie sie die häusliche Umwelt gestalten. Ermutigen Väter das Erkunden? Erlauben sie dem Kleinkind, im Haus herumzukrabbeln und seine Welt zu erforschen? Geben sie dem Kind interessantes Spielzeug? Sorgen sie für Bücher, wenn das Kind zu lesen beginnt? Machen Väter Kinder durch Zeigen, Hinweise und Erklärungen auf interessante, charakteristische Züge der Umwelt aufmerksam? In dieser Art gestaltet ein Elternteil die Welt seines Kindes mit und prägt wahrscheinlich dessen spätere soziale und kognitive Entwicklung.

Kinder sind nicht bloß passive Empfänger der Impulse, die von ihren Vätern ausgehen. Die Vater-Kind-Beziehung ist eine Zweibahnstraße. Kinder beeinflussen ihre Väter genauso wie Väter die Entwicklung ihrer Kinder. Kinder haben einen unmittelbaren Einfluß darauf, wie ihre Väter sie behandeln, und das wirkt sich wiederum auf ihre Sozialisierung aus. Das Schreien eines für Koliken anfälligen Babys, das den Vater nachts wachhält, das Bitten eines Vierjährigen, der die Lieblingsvase zerbrochen hat, um Verständnis, das Feilschen eines Teenagers mit den Eltern um die Überlassung der Schlüssel für das Auto sind Beispiele dafür, wie Kinder das Verhalten von Vätern zu steuern verstehen.

Wir beginnen eben erst zu erkennen, daß der Vater nicht nur hinsichtlich direkter Einflüsse auf sein Kind, sondern auch im Sinne seiner indirekten Effekte auf die frühen Interaktionen des Kleinkindes mit anderen Menschen wichtig ist. Im Familienrahmen beeinflussen Väter ihre Kleinkinder und Kinder oft indirekt, indem sie auf das Verhalten der Mutter einwirken. So haben zum Beispiel Frank Pedersen und seine Kollegen unlängst gezeigt, daß die Qualität der Beziehung zwischen Ehegatten mit der Qualität der Mutter-Kind-Beziehung verknüpft ist (14). Pedersen beobachtete Mütter beim Füttern ihrer vier Wochen alten Babys und bewertete die Tüchtigkeit jeder Mutter in der Handhabung des Nährgeschäfts. Sehr kompetente Mütter „konnten ein gutes Tempo bestimmen, das Nahrungsaufnahme mit Bäuerchenmachen abwechseln ließ, ohne das Baby aus dem Konzept zu bringen, und schienen genau zu merken, wann das

Baby zum Weitertrinken Ermunterung oder im Verlauf des Fütterns kurze Ruhepausen brauchte". Durch ein Interview schätzte Pedersen die Beziehung zwischen den Ehegatten ein. Seine Befunde sind es wert, zitiert zu werden: „Wenn der Vater die Mutter mehr unterstützte, gelang ihr das Füttern des Babys besser... Anders liegen die Dinge bei einem unharmonischen ehelichen Verhältnis. Starke Spannung und Konflikt in der Ehe gingen mit einem ungeschickten Verhalten der Mutter beim Füttern einher" (15).

Väter sind ebenso wie Mütter von der Qualität ihrer ehelichen Beziehung abhängig. Bei Ehegatten, die sich streiten und gegenseitig kritisieren, ist die Wahrscheinlichkeit größer, daß sie auch ihr Baby so behandeln. Umgekehrt scheint es leider nicht zu funktionieren: In Pedersens Untersuchung standen positive Gefühle der Ehegatten füreinander nicht in Beziehung zum liebevollen Umgang von Eltern mit ihren Babys.

Diese Betrachtungen erinnern uns an eine wichtige Tatsache: Wenn wir die Beziehung zwischen Elternteil und Kind verstehen wollen, müssen wir die Eltern als Teil eines Familiensystems sehen und alle Beziehungen zwischen den Familienmitgliedern berücksichtigen. Zudem ist stets zu bedenken, daß Familien nicht von anderen Teilen der Gesellschaft isoliert existieren. Familien sind eingebettet in ein weites Netz von anderen sozialen Systemen, eingeschlossen Nachbarschaft, Gemeinde und Kulturkreis. Um zu begreifen, wie Väter funktionieren, müssen wir den Einfluß der Verknüpfungen zwischen Familien und diesen anderen Systemen erkennen (16). Wenn wir einräumen, daß soziale Faktoren außerhalb der Familie auf Väter einwirken, werden wir besser verstehen, aus welchen Gründen das Vatersein so verschiedene Formen annehmen kann.

Männer werden auch vom Vatersein geprägt; es kann das Selbstbild des Mannes verändern. Väterliche Fürsorgeaktivitäten helfen Männern oft, ihre Wertbegriffe zu klären und Prioritäten zu setzen. Es vermag ihre Selbstachtung zu fördern, wenn sie den Forderungen und Pflichten der väterlichen Betreuung genügen, aber umgekehrt können diese Forderungen und Pflichten auch ihre Grenzen und Schwächen bloßlegen und sie dadurch aus dem Geleise werfen und deprimieren. Väter können von ihren Kindern lernen und an ihnen reifen. Maureen Green sagt: „Mit als erstes lernt ein Vater von seinen Kindern, daß seine und ihre Bedürfnisse einander ergänzen können. Die Kinder suchen bei ihm Anleitung – ihm macht es vielleicht Freude, sie zu geben. Die Kinder sehen in ihm ein Vorbild, und Vorbildsein fügt zu seinen Entscheidungen eine besondere Dimension hinzu. Er erblickt seine Ambitionen und Leistungen unter einem anderen Aspekt, wenn er lernen kann, sie mit ihren Augen ebenso wie mit den seinen zu betrachten.“ (17) Väterliche Fürsorge kann sich also auf Männer und Kinder durchaus vorteilhaft auswirken.

Kapitel 2
Der werdende Vater

Vaterwerden ist kein Einzelereignis, sondern ein allmählicher Prozeß des Bekanntwerdens mit den Anforderungen und Freuden einer neuen Rolle in der Familie. Der Prozeß beginnt früh. Die Entscheidungen vor der Schwangerschaft, ob und wann man ein Kind haben will, oder der Entschluß, wenn es mit einem eigenen Kind „nicht klappt", ein Kind zu adoptieren – dies alles sind Bestandteile des komplexen Übergangs zur Vaterschaft. Der Prozeß geht weiter mit der Anpassung beider Eltern an die Schwangerschaft. Sie ist eine Familienangelegenheit. Nicht nur Mütter werden schwanger – Paare werden es. Wir beginnen eben erst zu erkennen, daß Väter während der Schwangerschaft wichtige Funktionen haben können.

Schwangerschaft als Familienangelegenheit

Die Veränderungen, die sich für Väter aus der Schwangerschaft der Frau ergeben, entstehen nicht losgelöst von den Veränderungen, die Mütter selber in dieser Zeit erleben. Tatsächlich kann man das Verhalten von Vätern am besten verstehen, wenn man es im Zusammenhang mit dem Verhalten von Müttern während der Schwangerschaft betrachtet.

Die Schwangerschaft läßt sich in drei Phasen oder Trimester einteilen. Jede Phase hat ihre eigenen, charakteristischen Probleme und Freuden für das werdende Elternpaar. Für die Frauen sind die Frühstadien psychologisch wie physisch oft schwierig. Übelkeit, Erbrechen, Müdigkeit und Kopfweh sind häufig, Depressionen, Reizbarkeit und Ängstlichkeit nicht ungewöhnlich. In einer von Pauline Shereshefsky und Leon Yarrow vorgelegten Studie über schwangere Paare „sprach ein hoher Prozentsatz der Frauen von rascherem Aufbrausen, einer Tendenz, ‚gereizt', verkrampft, nervös oder ‚überempfindlich' zu sein, schnell zurechtzuweisen, von ihren Männern mehr zu verlangen, öfter zu weinen – allgemeine Anzeichen einer größeren Verletzbarkeit und erhöhter Erregbarkeit.“ (1) Natürlich ist die Schwangerschaft in dieser Periode nicht durchweg negativ. Viele Frauen erleben in diesen Monaten Euphorien; manche schwanken ständig zwischen Freude und Niedergeschlagenheit.

Im zweiten Trimester der Schwangerschaft verschwinden viele der beschwerlichen Symptome. Die ersten wahrnehmbaren Bewegungen des Fötus treten gewöhnlich gegen Ende des vierten Monats auf und sind ein deutliches Signal, daß das Baby „unterwegs“ ist. Seine Bewegungen zu fühlen kann für beide Eltern erregend sein. Doch wenn das Baby größer und kräftiger wird, scheinen seine Bewegungen Vätern mehr Freude zu bereiten als Müttern. In einer Studie über schwangere Paare sagten die meisten Männer, daß sie es sehr schön fanden, wenn sie die Bewegungen des Babys fühlten – aber 50 Prozent der Frauen waren nicht begeistert. Allem Anschein nach hängt die Freude an den Bewegungen des Babys davon ab, in wessen Bauch es sich regt (2).

Das letzte Schwangerschaftstrimester wiederum belastet beide Eltern. Inzwischen ist die Mutter etwa 25 bis 30 Pfund schwerer und das Tragen der Leibesfrucht ermüdend und unbequem geworden. Oft stellen sich bei der Mutter unangenehme körperliche Symptome wie Müdigkeit, Schlaflosigkeit, geschwollene Glieder und Kurzatmigkeit ein. Vielleicht kommt es daher, daß viele Schwangere in dieser Zeit so ängstlich und reizbar sind wie im ersten Trimester. Außerdem können sich Besorgnisse um die Gesundheit des Babys und den Geburtsverlauf verstärken, je näher die Niederkunft rückt.

Wie reagieren werdende Väter während der Schwangerschaft? Die Erfahrungen, die Männer mit Schwangerschaft und Geburt machen, sind in den verschiedenen Kulturen recht unterschiedlich. In manchen primitiven Kulturen wird der Übergang zur Vaterschaft durch besondere Zeremonien markiert. Ein fesselndes Phänomen ist die *Couvade* (Männerkindbett). Der Begriff, von dem französischen Wort *couver* (ausbrüten; brüten) abgeleitet, wurde 1865 von dem britischen Anthropologen Sir Edward Taylor geprägt:

In gewissen primitiven Gesellschaften legen sich die Männer etwa um die Zeit der Niederkunft ihrer Frauen in einem Scheinritual zu Bett und simulieren die Qualen von Wehen und Gebären. Dieses Ritual dient mindestens zwei wichtigen Zwecken: Es präzisiert für die Gemeinschaft, wer der Vater ist, und es lockt zudem alle bösen Geister zur Hütte des Vaters, wo sie ihren Grimm an der Pseudo-Mutter auslassen können, so daß die wirkliche Mutter in sicherer Entfernung und unbehelligt ihr Baby zur Welt bringen kann (3).

In einigen Kulturen wird die Couvade außerordentlich dramatisch. Zum Beispiel bei den Erickala-Vandu, einem Stamm in Süd-Indien:

Sobald die Frau die Wehen verspürt, informiert sie ihren Gatten. Der legt sofort einige ihrer Kleidungsstücke an, versieht seine Stirn mit einem Mal, das Frauen gewöhnlich an ihrer Stirn anbringen, zieht sich in einen dunklen Raum zurück, wo nur eine trübe Lampe brennt, legt sich aufs Bett und bedeckt sich mit einem langen Tuch. Wenn das Kind geboren ist, wird es gewaschen und in ein Kinderbettchen neben dem Vater gelegt (4).

Eine westliche Version der Couvade ist, was der britische Psychiater W. H. Trethowan das *Couvade-Syndrom* nennt – eine Reihe von physischen Symptomen, die beim werdenden Vater auftreten und fast sogleich, nachdem seine Frau geboren hat, wieder verschwinden. Wie verbreitet ist das Couvade-Syndrom? Da gehen die Schätzungen weit auseinander, doch allgemein ist die Rede von zehn bis fünfzehn Prozent der Väter. Weit mehr werdende Väter erleben physische und psychische Veränderungen, deren Größenordnung jedoch nicht ausreicht, um einer strengen Definition des Couvade-Syndroms zu genügen.

Bei einer Untersuchung des Couvade-Syndroms stellte Trethowan fest, daß die werdenden Väter Symptome wie Appetitverlust, Zahnschmerzen, Übelkeit und Erbrechen zeigten. Die Symptome waren im dritten Schwangerschaftsmonat am häufigsten, nahmen danach ab und kehrten im letzten Monat wieder. Wie Trethowan herausfand, waren diese physischen Symptome oft von psychologischen Problemen wie Depression, Spannung, Schlaflosigkeit, Reizbarkeit und sogar Stottern begleitet. Dieses Muster ähnelt sehr dem Symptomverlauf bei Müttern, die im ersten und letzten Trimester der Schwangerschaft mehr unter morgendlicher Übelkeit, Kopfweh und Ermüdung leiden als in der mittleren Periode. In einer anderen Studie berichtete Beatrice Leibenberg, daß bei 65 Prozent der untersuchten Männer, die zum ersten Mal Vater wurden, „Schwangerschaftssymptome“ wie Ermüdung, Übelkeit, Rückenschmerzen, Kopfschmerz, Erbrechen und sogar Magengeschwüre auftraten (5).

Obwohl manche Autoren aus der Psychoanalyse glauben, man sollte Schwangerschaft bei den meisten werdenden Vätern als eine Krise betrachten, ist sie nicht unbedingt eine schwächende Erfahrung. Auch sind nicht alle mit der Schwangerschaft verknüpften Veränderungen bei Männern so dramatisch und beunruhigend. Sam Bittman und Sue Zalk zufolge verändern viele Männer während der Schwangerschaft ihr Aussehen – sie lassen sich Bärte oder Schnurrbärte wachsen oder nehmen zu (6). Es ist nicht klar, ob diese Veränderungen auf Mitleid, Einfühlung oder Wettbewerb der Männer mit ihren Frauen zurückgehen.

Physische Symptome sind nur ein kleiner Teil der Veränderungen bei werdenden Vätern. In Erwartung der näherrückenden Vaterschaft zeigen Männer während der Schwangerschaft vermehrtes Interesse an Babys. Manche versuchen, sich durch die Lektüre geeigneter Bücher über Kinder und Elternschaft zu unterrichten. Viele Männer reagieren auf die voraussichtlichen finanziellen Belastungen der Elternschaft mit einer starken Steigerung ihrer Arbeitsleistung, indem sie Nebenbeschäftigungen annehmen, zumal in den letzten paar Schwangerschaftsmonaten. Obwohl dieser außerhalb des Hauses investierte Aufwand an Arbeit und Zeit oft nur dem Zweck dient, das für Kinderbetten, Wiegen und sonstige Babyausstattung nötige Geld zu beschaffen, interpretieren einige Autoren, besonders Psychoanalytiker, diesen hektischen Aktionismus als ein Zeichen von Besorgnis und Angst.

Ehemänner zerbrechen sich über vieles den Kopf während der Schwangerschaft. In einer neueren Studie heißt es, daß Männer in dieser Zeit ängstlicher waren als ihre Frauen. Die Schmerzen ihrer Gattinnen bereiteten ihnen sogar mehr Kummer als den Frauen selber. Väter beunruhigt auch zum Beispiel, ob sie rechtzeitig zum Wehenbeginn in der Klinik sein werden, und ob das Baby wohl gesund und munter zur Welt kommt (7). Ihre Hauptsorge ist das Geld – für die Klinikrechnungen und das Aufziehen des Babys –, wahrhaftig keine unberechtigten Beklemmungen, wenn man bedenkt, daß eine Geburt in den Vereinigten Staaten heute etwa 1500 Dollar kostet. Nach Schätzungen betragen die Ausgaben für Nahrung, Kleidung, Ausbildung, kurz: die Erziehung eines Kindes bis zum 18. Lebensjahr in den USA 85000 bis über 200000 Dollar.

Auch sexuelle Verhaltensmuster ändern sich während der Schwangerschaft. Nach Bittman und Zalk berichten manche Männer, daß sie sich sexuell zu ihren schwangeren Frauen stärker hingezogen fühlen; andere zeigen geringeres Interesse. Dieweil können sich die sexuellen Wünsche der Frau im Laufe der Schwangerschaft ändern. In den ersten drei Monaten treten häufig heftige Übelkeit und Reizbarkeit auf; in dieser Zeit ist sie an Sex vielleicht nicht interessiert. Im mittleren Trimester jedoch kehrt ihr sexueller Appetit gewöhnlich zurück. Unbehagen und Müdigkeit lassen das sexuelle Interesse in der letzten Phase manchmal wieder schwinden. Obwohl sexuelle Aktivität in den späteren Phasen der Schwangerschaft im allgemeinen unschädlich ist, raten noch immer viele Geburtshelfer zur Enthaltsamkeit. William Masters und Virginia Johnson zufolge wurde 77 Prozent der von ihnen befragten Frauen von ihren Ärzten gesagt, sie sollten während des letzten Trimesters auf Geschlechtsverkehr verzichten (8). Im großen und ganzen ist während der Schwangerschaft ein Rückgang der sexuellen Kontakte zu verzeichnen.

Emotionale Unterstützung

Väter bekunden ihre Sorge um ihre Frauen während der Schwangerschaft aber nicht bloß dadurch, daß sie Rückenschmerzen haben. Männer reagieren auf das größere Bedürfnis ihrer schwangeren Frauen nach emotionaler Unterstützung tendenziell positiv. Harold Rausch und seine Kollegen stellten fest, daß Ehemänner während der Schwangerschaft ausnehmend versöhnlich waren (9). Die Forscher baten Paare, einen Konflikt beizulegen, beispielsweise den, welches Fernsehprogramm angeschaut werden sollte. Die von den Paaren benutzten Schlichtungsstrategien wurden beobachtet und analysiert. Männer schwangerer Frauen waren entgegenkommender, hilfsbereiter als Männer nicht schwangerer Frauen, und dies in höherem Maße als vor der Schwangerschaft. Allerdings ist Schwangerschaft kein Allheilmittel für unglückliche Ehen; die emotionale Unterstützung, die der Ehemann gab, reduzierte sich im vierten Monat nach der Geburt wieder auf ihr Vorschwangerschaftsniveau. Die zusätzliche Unterstützung, die der Mann während der Schwangerschaft bietet, ist wichtig. In einer neueren Untersuchung mit 26 Paaren in Kalifornien fand Johanna Gladieux, daß emotionale Unterstützung durch den Gatten während der Schwangerschaft es der Frau erleichterte, sich auf die Schwangerschaft einzustellen und Freude an ihr zu empfinden (19). Besonders wichtig ist die Unterstützung des Ehemanns im Frühstadium der Schwangerschaft, solange sie noch nicht öffentlich bekanntgegeben wurde, da „man noch nichts sieht".

Im Laufe des zweiten Trimesters, wenn die Schwangerschaft verkündet ist, wird die Zufriedenheit der werdenden Mutter von Freunden und Verwandten sogar noch stärker mitbestimmt als von der Beziehung der Ehegatten untereinander. „In dieser Zeit sind die Gunst, das Interesse und der Beistand ihrer sozialen Gemeinschaft, die Möglichkeit des Austauschs von Berichten oder Geschichten übers Kinderkriegen und die Gelegenheit, eigene Erfahrungen mit denen anderer zu vergleichen, für die Schwangere unendlich wertvoll." (11) Eltern sowie Freunden kommt jetzt noch mehr Bedeutung zu als im ersten Trimester; nach Bittman und Zalk hatten 40 Prozent der Frauen in ihrer Untersuchung in dieser Periode mehr Gesamtkontakt mit ihren eigenen Eltern.

Genau wie die Mutter nicht nur von ihrem Mann Unterstützung, Informationen und Bestätigung erwartet, suchen Väter gern Unterstützung bei Freunden, die bereits Kinder haben. Außerdem wenden sich werdende Väter während der Schwangerschaft ihren eigenen Eltern zu, besonders ihren Müttern. „Ein Mann mag das Gefühl haben, daß er in dieser Streßperiode selbst mehr Bemutterung braucht – ein paar zusätzliche Streicheleinheiten zu einer Zeit, in der er sich vielleicht genötigt sieht, ständig den starken, verantwortungsbewußten ‚Erwachsenen' herauszukehren... Werdende Väter telefonierten und korrespondierten mit ihren Familien während der Schwangerschaft mehr als vorher." (12)

Johanna Gladieux stellte fest, daß die Verfügbarkeit solcher Menschen, die in Sachen Wehen, Geburt und anschließender Elternschaft als erfahrene Berater dienen können, mit mehr Zufriedenheit bei werdenden Vätern verknüpft war.

Weitere Belege für die wichtige Aufgabe des Vaters als Stütze während der Schwangerschaft liefern Untersuchungen, die klare Verbindungen zwischen dem emotionalen Zustand der Mutter und der frü-

hen Entwicklung des Babys aufgedeckt haben. In einer neueren Studie in Boston wurde festgestellt, daß Kleinkinder in den ersten drei Tagen nach der Geburt weniger reizbar waren, wenn die Mutter während der Schwangerschaft ruhig gewesen war. Hinzu kommt: Je positiver Eltern ihre Ehe (und vermutlich auch die Unterstützung durch den Ehemann während der Schwangerschaft) bewerteten, desto besser schien die physiologische Verfassung des Babys mit zwei Monaten zu sein, eingeschätzt nach Maßen wie Reizbarkeit,und die Fähigkeit, sich von Verwirrung und Aufregung zu erholen (13).
Großes Interesse an der Schwangerschaft hat auch Konsequenzen für die spätere väterliche Fürsorge. Man hat festgestellt, daß das Interesse eines Vaters an der Schwangerschaft seiner Frau durchaus damit in Beziehung steht, wie oft er das Baby in den ersten sechs Lebenswochen hält, sowie damit, ob er sich um das Baby kümmert, wenn es weint. Auch beeinflußt die Einstellung des Gatten die Freude seiner Frau an der Mutterschaft; je glücklicher er über die Schwangerschaft ist, desto mehr Freude hat die Mutter an den ersten paar Lebenswochen des Babys (14).

Dem älteren Kind helfen

In Familien mit älteren Kindern braucht während der Schwangerschaft nicht nur die Frau Unterstützung. Der Vater kann eine besondere Rolle spielen, indem er dem älteren Kind hilft, sich auf das Erscheinen eines neuen Familienmitgliedes einzustellen. Bittman und Zalk ermittelten, daß über 34 Prozent der werdenden Väter während der Schwangerschaft mehr Zeit mit ihren Kindern verbrachten als vorher; nur bei zwei Prozent war es nach eigener Aussage weniger Zeit als vorher. Cecily Legg, Ivan Sherick und William Wadland beobachteten bei älteren Geschwistern nach der Geburt eines neuen Babys eine Anzahl negativer Reaktionen, darunter Rückfälle in der Sauberkeitsgewöhnung, Schlafstörungen und ein neuerwachtes Interesse an Schnuller, Fläschchen und Daumenlutschen. Auch fiel ihnen auf, daß stärkeres häusliches Engagement des Vaters während der Schwangerschaft und nach der Geburt dem älteren Geschwister die Anpassung erleichterte (15). Indem der Vater für das ältere Kind

„da ist", weil er ihm Zeit und Aufmerksamkeit widmet, während die Mutter hauptsächlich mit dem neuen Baby beschäftigt ist, hilft der Vater dem älteren Geschwister, die veränderte Situation zu akzeptieren.

Damit leisten Väter sehr wohl einen Beitrag. Schwangerschaft bedeutet ja nicht nur, daß die Mütter weniger verfügbar, sondern auch, daß sie weniger geduldig sind, und oft richtet sich die gesteigerte Reizbarkeit der Mutter gegen die älteren Kinder. Alfred Baldwin hat diese Veränderungen schon vor Jahren dokumentiert (16). Nach seinen Feststellungen änderten Mütter ihren Erziehungsstil, nachdem sie schwanger geworden waren: Sie widmeten dem älteren Kind weniger Zeit, zeigten ein weniger warmherziges, weniger liebevolles Verhalten und hatten mit ihren Erziehungspraktiken allgemein weniger Erfolg als zuvor. Zugleich wurden sie strenger, bestraften härter, übten mehr Zwang aus und waren weniger demokratisch. Kein Wunder, daß ältere Kinder bisweilen ihrem jüngeren Bruder oder ihrer jüngeren Schwester grollen!

Anwesenheit des Vaters bei Wehen und Niederkunft

Das Engagement des Vaters in der Schwangerschaft endet nicht an der Klinikpforte. Noch bis vor wenigen Jahren wurden Väter normalerweise von der Teilnahme an der Entbindung ausgeschlossen. Zum Teil sollte dadurch die Ansteckungsgefahr in der Entbindungsstation verringert werden: Väter galten als mögliche Quelle für Infektionen. So war denn der Warteraum der berühmte Ort, wo ein werdender Vater sich aufregen, hin und hergehen und schlafen konnte – aber bei seiner Frau durfte er während der Wehen und der Entbindung nicht sein. Zwar ist der im Klinikkorridor umherwandernde Vater noch immer die Regel, doch hat sich an der Praxis in der Klinik manches geändert, so daß Väter heute im Kreißsaal keine Fremden mehr sind. Noch 1972 ergab eine Untersuchung, daß nur 27 Prozent der amerikanischen Kliniken Väter im Kreißsaal duldeten. Erst 1974 segnete das American College of Obstetricians [Geburtshelfer] and Gynaecologists [Gynäkologen] die Anwesenheit des Vaters während der Wehen ab. Und doch gewährten bereits 1980 annähernd 80 Prozent

der amerikanischen Kliniken den Vätern Einlaß in den Kreißsaal. Woher dieser Wandel?
Zunächst einmal: Frühere Befürchtungen, die Anwesenheit des Vaters werde Infektionen hervorrufen, haben sich als unberechtigt erwiesen (17). In einer Erhebung über 45000 Geburten im Beisein des Gatten gab es nicht einen einzigen Fall von Infektion, der auf die Gegenwart des Vaters im Kreißsaal zurückzuführen gewesen wäre.
Zweitens: Eltern verlangen mehr Kontrolle über den Geburtsvorgang und setzen Geburtshelfer unter Druck, die Regeln zu ändern und Vätern die Anwesenheit zu gestatten. Viele Eltern denken heute anders über die Geburt. Sie wird jetzt häufiger nicht mehr als eine Krise betrachtet, sondern als eine normale Phase in der Entwicklung der Familie. Im Zusammenhang mit dieser gewandelten Einstellung suchen viele Menschen, den Geburtsprozeß lockerer zu gestalten. Viele Kliniken haben sogenannte Geburtszimmer eingerichtet, die beinahe schon wie bequeme Schlafzimmer aussehen und den Eindruck vermitteln, daß die häusliche Atmosphäre Einzug in die Klinik gehalten hat.
Hier die Schilderung einer Geburt in einem der neuen „Alternative Birth Centers" in San Francisco, wo man sich bemüht, in der traditionellen Klinik eine Atmosphäre „wie zu Hause" zu schaffen:

Sarah Katherine Bell kam am Dienstag, dem 11. Mai, um 20.56 Uhr im Mount Zion Hospital zur Welt. Im Gegensatz zu dem, was ihr vierjähriger Bruder erlebt hatte, war Sarahs erster visueller Eindruck von der Welt kein steriler, hart ausgeleuchteter und mit den neuesten medizinischen Apparaten angefüllter Kreißsaal, sondern ein Raum, der irgendein Schlafzimmer sein konnte. Ihre Mutter, Judy, gebar sie in einem Standard-Doppelbett mit geflochtenem Kopfbrett. In der unmittelbaren Umgebung des Bettes gab es hängende Blattpflanzen, einen orangefarbenen Teppich und eine Bettcouch, wo sich der Vater ausruhen konnte, wenn er nicht die Atmung seiner Frau überwachte. Es herrschte gedämpftes Licht, und eine Stereoanlage für Musik war auch da.
Gleich nach Sarahs Geburt holte der Vater den Sohn des Ehepaares von einem Babysitter ab und brachte ihn in die Klinik, damit er sein neues Schwesterchen kennenlernen und berühren konnte. Am nächsten Morgen waren die Bells bereit zur Heimkehr mit dem Baby (18).

Solche „Geburtszimmer" tragen dazu bei, daß die Geburt als weitgehend normales Ereignis im Familienleben betrachtet wird, während

zugleich für Schutz und Sicherheit des Neugeborenen und der Mutter gesorgt ist. Väter fühlen sich in solchen Umgebungen willkommener als in der kalten, antiseptischen und sterilen Atmosphäre des traditionellen Kreißsaales. Dank der Vorbereitungskurse für pränatale und postnatale Pflege sind Väter heute besser auf das vorbereitet, was sie zu erwarten haben und was sie tun können, um der Mutter während der Wehen und der Niederkunft beizustehen. Dies könnte die Tatsache erklären, daß sich auch Besorgnisse, Väter würden „in Ohmacht fallen" oder anderweitig stören, als unbegründet erwiesen haben. Nur wenige Väter richteten solches Unheil an, wie es Geburtshelfer für den Fall befürchteten, daß man Vätern die Türen zum Kreißsaal öffnen würde.
Vorbereitungskurse für Eltern entwickeln sich zu einem normalen Bestandteil des Dienstleistungsangebots der meisten Kliniken. Immer häufiger sind Väter genau wie Mütter bei vorbereitender Gymnastik und gezielten Atemübungen zu beobachten. Eine beliebte Art der Vorbereitung ist die Lamaze-Methode. Künftige Eltern nehmen an pränatalen Kursen teil, in denen sie über die physiologischen Vorgänge der Schwangerschaft und Geburt unterrichtet werden. Unter fachkundiger Aufsicht erlernen und üben die werdenden Eltern Atemtechniken für die verschiedenen Wehenarten. Diese Übungen helfen der Mutter, sich zu entspannen, und dadurch verringert sich der Wehenschmerz. Dabei spielt nun der Vater eine unterstützende Rolle. Robert Fein befragte Väter nach der Geburt des Kindes und erfuhr, daß sie ihren Frauen auf verschiedene Weisen während der Wehen und der Niederkunft beigestanden hatten:

> Männer maßen die Dauer der Kontraktionen, atmeten mit ihren Frauen, um ihnen zu helfen, bei Kontraktionen „obenauf" zu bleiben, sie massierten ihnen den Rücken, brachten ihnen zerkleinertes Eis und Saft, übersetzten ihre Wünsche und übermittelten sie Ärzten und Schwestern, umsorgten sie unermüdlich liebevoll und aufmerksam, ermutigten sie und gaben ihren Frauen auch in den schwierigsten Wehenphasen das Gefühl, daß sie nicht allein waren und daß die Wehen vorübergehen werden (19).

Ein weiterer Vorteil solchen Geburtstrainings ist der, daß Mütter, die diese Entspannungstechniken gelernt haben, während Wehen und Entbindung weniger schmerzstillende Mittel benötigen; dies trifft zumal dann zu, wenn Väter bei der Entbindung anwesend sind. Das Verabreichen von Medikamenten während der Geburt hat Auswirkungen auf das Baby, da dadurch Schläfrigkeit, Lethargie und möglicherweise sogar Aufmerksamkeitsschwäche hervorgerufen werden. Folglich ist weniger Medikation günstig für das Kind. Doch sind nicht alle Forscher der Meinung, daß die Vorbereitungskurse selbst das Bedürfnis nach Medikamenten reduzieren. Es ist möglich, daß ein unbeabsichtigter Selbstauslese-Faktor mit im Spiel ist: Solche Kurse werden nur von bestimmten Bevölkerungskreisen besucht, und zwar besonders von den gebildeteren. Vielleicht würden solche Frauen die Niederkunft auch dann gut und mit weniger Medikation durchstehen, wenn sie diese Kurse nicht besucht hätten. Nach unseren Belegen ist es jedoch unwahrscheinlich, daß diese Erklärung zutrifft. In Deutschland teilte eine Forschergruppe einige Frauen einer Geburtsvorbereitungsgruppe zu und andere Frauen einer Kontrollgruppe, die nicht vorbereitet wurde. Die Ergebnisse waren verblüffend: Die „vorbereiteten“ Frauen hatten kürzere Wehen, benötigten weniger Medikation und berichteten von mehr Freude an der Geburtserfahrung als die Frauen, die auf die Niederkunft nicht vorbereitet worden waren.

Es steht nicht fest, daß es immer *allein* die Kurse sind, die Positives bewirken, wie z.B. der Mutter Wehen und Niederkunft zu erleichtern. Nach neueren Forschungen sind Vorbereitungskurse wirkungsvoll, weil sie es wahrscheinlicher machen, daß die Väter bei Wehen und Geburt anwesend sind. Vielleicht ist die Anwesenheit des Vaters während der Entbindung ein notwendiger Bestandteil der Wirksamkeit von Vorbereitungskursen. William Henneborn und Rosemary Cogan studierten zwei Gruppen von Paaren, die allesamt Vorbereitungskurse besucht hatten. In einer Gruppe waren die Väter während der ganzen Wehen und der Entbindung anwesend, in der anderen Gruppe nur beim ersten Geburtsabschnitt. Die Frauen, deren Gatten sowohl die Wehen als auch die Entbindung erlebten, erhielten weniger Medikamente und fanden die Erfahrung, ein Kind zur Welt zu bringen, positiver als die Frauen in der anderen Gruppe (20).

Andere Forscher bestätigen, daß die Anwesenheit des Vaters beim Geburtsvorgang von Bedeutung ist. Doris Entwisle und Susan Doering verglichen Entbindungen, bei denen der Gatte im zweiten Ge-

burtsabschnitt anwesend war, mit Entbindungen ohne Anwesenheit des Gatten in diesem Stadium. Die Gegenwart des Vaters steigerte die emotionalen Erfahrungen der Mutter bei der Geburt; Mütter bezeichneten die Geburt öfter als eine „Höhepunkt"-Erfahrung, wenn der Vater dabei gewesen war. Kein Wunder, daß die Anwesenheit und die aktive Mitwirkung des Vaters bei der Entbindung auch seine Erfahrung qualitativ beeinflußten. Das Miterleben der Geburt war für Männer wichtiger als ihre Anwesenheit im Kreißsaal. In der Untersuchung Entwisles und Doerings empfanden 88 Prozent der Gatten, die nicht im Kreißsaal waren, das Verpassen der Entbindung als negativ. Einer sagte: „Mir war bange, sehr bange. Junge, dauert das lange! Und die Enttäuschung – als ob ich sie im Stich gelassen hätte. Ich hab sie nämlich gehört. Eine Schwester kam raus, und da hörte ich meine Frau sagen: ‚Ich will meinen Mann', und ich dachte, großer Gott, was passiert da? Ich kam mir schon beinahe pflichtvergessen vor. Ich weiß nicht, warum er [der Arzt] mich rausgeschickt hat." Die anwesenden Väter indessen waren von der Erfahrung begeistert – 95 Prozent ganz entschieden. Ein Mann drückte es so aus: „Ich habe mich phantastisch gefühlt. Es war einfach eine Erfahrung, wie ich sie noch nie gemacht hatte, und es ist eine gute Erfahrung. Ich fühlte mich dazugehörig. Mir war großartig zumute, phantastisch." (21)
Alles in allem war die Reaktion der Väter auf den Moment der Geburt positiver als die ihrer Frauen. Das ist vielleicht nicht verwunderlich – die Väter hatten weder körperliche Schmerzen gelitten noch betäubende Mittel bekommen. Demgegenüber reagierten Väter, die sich eine Zeitlang im Warteraum aufhielten, auf die Nachricht von der Geburt in gefühlsmäßiger Hinsicht allgemein neutral. Positiv reagierten nur die bei der Geburt anwesenden Väter, und ungefähr ein Viertel von ihnen berichteten eine „ekstatische Höhepunkterfahrung", wie sie keiner der Väter im Wartezimmer erlebte. Ein freudig erregter Vater meinte: „So froh bin ich mein Lebtag nicht gewesen. Das ist – die größte Erfahrung, die ich je gemacht habe. Es war einfach – unheimlich beglückend – so ein Gefühl hatte ich vorher noch nie gehabt." (22)
Die Anwesenheit bei der Geburt des Kindes hat für Väter auch noch weitere Vorteile. In der genannten Studie hielten mehr Väter (51 Prozent) als Mütter (25 Prozent) ihre Babys, während sie noch im

Kreißsaal waren. Die Forscherinnen merkten an: „Freilich liegt der Vater nicht mit einem intravenösen Schlauch in dem einen Arm und vielleicht einer Blutdruckmanschette um den anderen Arm da.“ (23) In Anbetracht der realen Möglichkeit, daß der frühe Kontakt mit Babys die väterlichen Gefühle stärkt, könnte die Anwesenheit bei der Geburt das spätere Engagement für das Kleinkind erleichtern. Natürlich ist die Erfahrung des Mannes eng mit der seiner Frau verknüpft: Wenn eine Frau die Geburt als positiv erlebt, trägt dies zu seiner Freude an der Geburt bei. Insgesamt führt die Vorbereitung auf die Geburt zu aktiverer Teilnahme der Väter an Wehen und Entbindung, was wiederum die ganze Geburt für Mutter und Vater schöner gestaltet – und vielleicht der Beziehung des Vaters zu seinem Baby zu einem besseren Start verhilft.

Noch radikalere Neuerungen mit dem Ziel, das Engagement des Vaters im Geburtsvorgang zu steigern, werden derzeit experimentell ausprobiert. Das Geburtshelfer-Team Myron Levine und Robert Block in New Jersey ermuntert Väter, an dem Tage „Arzt zu spielen“ und die Babys (bei normalen, unkomplizierten Entbindungen) unter Aufsicht des Geburtshelfers selbst zu holen (24). Sie wollen damit „die häusliche Perspektive in die Klinik hineinbringen und das Gebären mehr familienzentriert gestalten“. Väter, die ihre Babys selbst holen, sind davon begeistert. Typische Kommentare: „Wie im siebenten Himmel!“; „Wirklich phantastisch!“; „Als hätte ich das entscheidende Tor in einem Ligaspiel geschossen.“ Diese Väter engagieren sich dann auch daheim mehr in der täglichen Betreuung ihrer Babys. Bei den Vätern, die ihre Babys selbst geholt hatten, war die Zahl derjenigen, die sich drei Monate nach der Geburt täglich eine Stunde oder länger mit den Babys beschäftigten, um mehr als das Doppelte höher als bei Vätern, die das Baby nicht selbst geholt hatten. Obwohl diese Resultate faszinierend sind, müssen wir uns vor voreiligen Schlüssen hüten. Die meisten dieser Väter waren freiwillig dabei, und es ist möglich, daß nur die Väter, die sich wahrscheinlich *sowieso* sehr intensiv um ihre Babys gekümmert haben würden, ihrer Geburtshelferrolle zugestimmt haben.

Väter und Entbindung durch Kaiserschnitt

Auch während der Schnittentbindung wirkt sich die Gegenwart des Vaters positiv aus. Die Anwesenheit des Vaters bei solchen Entbindungen wird jetzt mehr und mehr gestattet. Unter örtlicher Betäubung kann die Mutter bei Bewußtsein und munter bleiben und von der Gegenwart ihres Gatten ebenso profitieren wie eine Mutter bei einer natürlichen (vaginalen) Entbindung. Aus einer neueren Untersuchung über Frauen, die durch Kaiserschnitt entbunden wurden, geht hervor, daß Frauen, deren Männer die Entbindung miterlebten, die Geburtserfahrung positiver beurteilten als Frauen, deren Männer abwesend waren (25). In naher Zukunft wird man Väter wahrscheinlich überhaupt nicht mehr von Schnittentbindungen ausschließen, was in Anbetracht der Vorteile, die ihr Dabeisein bringt, ein verheißungsvoller Trend ist.

Überraschend ist vielleicht, daß die Schnittentbindung die Beziehung zwischen Vater und Baby unabhängig davon beeinflußt, ob der Vater im Kreißsaal anwesend ist oder nicht. Frank Pedersen und seine Kollegen beobachteten die Wirkung der Schnittentbindung auf die Vater-Baby-Beziehung fünf Monate nach der Geburt des Kindes (26). Die „Kaiserschnitt"-Väter widmeten der Routinebetreuung und Fütterung ihrer Babys daheim mehr Zeit als die Väter „natürlich" geborener Kinder. Warum? Die Schnittentbindung bringt allerlei Veränderungen für die Familie mit sich. Vielleicht ist der Vater gezwungen, früher einzuspringen, weil schnittentbundene Mütter länger brauchen, um sich zu erholen, als vaginal entbundene Mütter. Die Mutter ist von dem Eingriff erschöpft und kann sich einfach nicht soviel um das Neugeborene kümmern – also nimmt der Vater einen Teil dieser Pflichten wahr. Eine schwedische Untersuchung von John Lind hat gezeigt, daß Väter, die in der Klinik für das Baby sorgen dürfen (es füttern und trockenlegen), sich auch daheim drei Monate später intensiver um es kümmern (27). Zusammengenommen lassen diese Studien darauf schließen, daß Verhaltensweisen, die frühzeitig nach der Geburt des Kindes angenommen wurden, zumindest für einige Zeit konstant bleiben. Die Art der Entbindung – natürliche oder durch Kaiserschnitt – kann wichtige Konsequenzen für den Grad des Engagements zwischen Vater und Baby haben. Ob mehr Beteiligung

des Vaters die Entwicklung des Kindes beeinflußt, werden wir in einem späteren Kapitel untersuchen.
Indem wir die Schwangerschaft aus der Perspektive des Paares und nicht nur als eine Erfahrung der Mutter betrachten, erkennen wir, in wie vielfältiger Weise Väter an der Schwangerschaft teilnehmen. Nicht nur, daß sie ihren Frauen Trost und Unterstützung bieten – sie machen einen Prozeß durch, in dem sie für sich selber definieren, was es heißt, Vater zu werden. Veränderungen in den Gepflogenheiten von Kliniken gestatten Vätern jetzt eine aktivere Teilnahme an der Geburt des Kindes, eine neue Möglichkeit, von der Paare jedoch in höchst unterschiedlichem Maße Gebrauch machen. Bis jetzt läßt das Beweismaterial den Schluß zu, daß Väter, die sich für ein intensiveres Engagement bei Schwangerschaft und Geburt entscheiden, offenbar sich selbst, ihren Frauen und sogar ihren Babys einen guten Dienst erweisen.

Kapitel 3
Väter und Kleinkinder

Die Zeiten, in denen Väter höchstens durch das Fenster in der Abteilung für die Neugeborenen einen Blick auf ihre Babys werfen durften, sind in den meisten Kliniken vorbei. Man erlaubt heute wesentlich mehr Vätern direkten Kontakt mit ihren Babys in der Klinik, statt sie damit bis zur Heimkunft warten zu lassen. Da Väter und Neugeborene jetzt öfter zusammenkommen, wird dies auch von Forschern häufiger studiert und beobachtet. Man möchte herausfinden, ob Väter sich in der frühen Interaktion mit ihren Babys von Müttern unterscheiden. Traditionell wurde angenommen, daß Väter an ihren Neugeborenen nicht interessiert und weitgehend „unbeteiligt" seien, aber in neueren Untersuchungen zeichnet sich da ein ganz anderes Bild ab. Martin Greenberg und Norman Morris gehörten zu den ersten Forschern, denen auffiel, wie sehr sich Väter an ihren Neugeborenen freuen. Sie haben frischgebackene Väter befragt und entdeckt: „Um den dritten Tag nach der Geburt, oft sogar noch früher, beginnt sich bei Vätern eine Bindung an ihr Neugeborenes zu entwickeln. Überdies zeigt diese Bindung bestimmte Merkmale, die wir ‚engrossment' nennen, völliges Aufgehen ... ein Gefühl, von ihrem Neugeborenen in Anspruch genommen, intensiv mit ihm beschäftigt und an ihm interessiert zu sein." (1)
Obwohl diese Interviews vielsagend sind, bedürfen solche verbalen Belege der Ergänzung durch unmittelbare Beobachtungen an Vätern mit ihren Babys, um zu ermitteln, ob diese Selbstauskünfte über Gefühle und Interesse sich im tatsächlichen Verhalten widerspiegeln. Ich kann hier auf eine Reihe eigener Studien zurückgreifen, die das Problem besser beschreiben (2). Statt Väter nach ihren Gefühlen für ihre Neugeborenen zu fragen, haben Sandra O'Leary und ich die Väter beobachtet, wenn sie Mutter und Kind in der Klinik besuchten. Die Resultate waren eindeutig. Nach vielen verschiedenen Erscheinungsformen elterlichen Betreuungsverhaltens wie Berühren, Halten, Küssen, Erkunden und Imitieren des Kleinkindes beurteilt, wa-

ren Väter an ihren Babys genauso interessiert wie Mütter. Tatsächlich tendierten Väter mehr als Mütter dazu, das Baby zu halten und in ihren Armen zu wiegen.
Für sich allein genommen liefert diese Studie jedoch keinen schlüssigen Beweis, daß Väter sich ihren Kleinkindern verstärkt zuwenden. Erstens: Da Mutter *und* Vater im Zimmer waren, könnte der hohe Grad der Vater-Baby-Interaktion durch die unterstützende Gegenwart der Mutter bewirkt worden sein, die vielleicht den Vater ermutigt und ihm physisch Hilfestellung sowie verbale Anleitung gegeben hat. Zweitens: Die meisten Väter in dieser Untersuchung hatten geburtsvorbereitende Kurse besucht und waren bei der Entbindung zugegen. Möglicherweise zeigten sie daher mehr als andere Väter an ihrer Elternrolle Interesse und waren mehr dazu bereit, sich intensiv mit ihren Babys zu befassen. Drittens: Die von uns beobachteten Männer gehörten der Mittelschicht an und waren gebildet; vielleicht neigen Väter in sozial schwächeren Familien zu einer rigideren Auffassung von elterlichen Rollen und folglich dazu, ihre Neugeborenen anders zu behandeln.
Um diesen Fragen nachzugehen, studierten wir Väter aus den unteren Klassen, die weder Vorbereitungskurse besucht noch an der Entbindung teilgenommen hatten. Wir beobachteten den Vater allein mit dem Baby, die Mutter allein mit dem Baby, und Vater, Mutter und Baby zusammen. Auch hier zeigte sich, daß die Väter in den ersten Tagen nach der Geburt des Kindes interessiert waren und sich aktiv mit um das Baby kümmerten. Ob mit ihrem Neugeborenen allein, ob in Gegenwart ihrer Frau – die Väter betreuten das Kind genauso fürsorglich und boten ihm ebensoviel Anregung wie die Mütter. Das einzige fürsorgliche Verhalten, in dem die Mütter die Väter übertrafen, war das Anlächeln des Kindes. Es steht aber ziemlich fest, daß Frauen ohnedies mehr lächeln als Männer, und zwar nicht nur, wenn es um Babys geht, sondern überhaupt im Kontakt mit anderen Menschen.
Intensiv fürsorgliches, liebevolles und zärtliches Verhalten der Väter kann sie selbst wie ihre Babys fördern. Indem sie Gelegenheit haben, diese Gefühle ihren Kindern gegenüber zu bekunden, wird es Männern vielleicht möglich, auch in ihren Beziehungen zu anderen Menschen mehr aus sich herauszugehen und freundlicher zu sein. Ob

Männer sich wirklich so ändern, wenn sie Vater geworden sind, wissen wir noch nicht.

Der Vater vermag auf sein Baby auch indirekt einzuwirken, indem er das Verhalten der Mutter gegenüber dem Kind mitprägt. Einen Fall indirekter Einflußnahme beobachteten wir in einem Vergleich zwischen Müttern, die mit ihren Babys allein waren, und Müttern mit ihren Babys in Gegenwart des Gatten. War letzterer anwesend, stimulierten die Mütter die Babys weniger – sie sprachen weniger oft zu ihnen, berührten und hielten sie weniger oft. Aber sie lächelten sie häufiger an und „erkundeten" sie (durch Zehenzählen, Ohrenprüfen, Kopfbefühlen usw.) häufiger, wenn ihr Mann dabei war. Danach zu urteilen, kann die Gegenwart des Vaters das Interesse der Mutter am Neugeborenen erhöhen.

Kürzlich beschäftigten sich David Phillips und ich eingehender mit den Sprechweisen von Vätern und Müttern beim Reden mit ihren Neugeborenen (3). Mit Babys sprechen ist etwas anderes als mit Erwachsenen sprechen, und frühere Forscher haben festgestellt, daß Mütter sich ihren Babys gegenüber einer bestimmten Sprechweise bedienen. Für diese mütterliche Sprechweise sind langsames und übertreibendes Sprechen, häufige Wiederholungen und kurze Phrasen charakteristisch (4). Oft gehören „Zurufe" wie *hey, hi* und *hello* zum Repertoire. Wir wollten herausfinden, ob Väter beim Reden mit ihren Babys dieselben sprachlichen Anpassungen vornehmen, und hielten deshalb auf Band fest, was Väter beim Füttern ihrer Neugeborenen oder beim Spielen mit ihnen sagten. Ergebnis: Genau wie Mütter passen sich auch Väter sprachlich an. Sie reden mit ihren Neugeborenen anders als mit Erwachsenen – sie verlangsamen ihr Sprechtempo, verkürzen ihre Phasen und wiederholen Wörter und Phrasen viel häufiger. Mit dieser „Babysprache" kann man wahrscheinlich besser als mit einer normalen Ausdrucksweise von Erwachsenen die Aufmerksamkeit des Babys erregen und fesseln. Wenn das stimmt, könnte sie Babys helfen, die Gesichter und Stimmen ihrer Eltern und anderer Betreuer erkennen zu lernen. Wie immer die Antwort lauten mag, die Studie lieferte einen weiteren Beweis, daß Väter auf Babys feinfühlig eingehen. Wie Mütter sprechen sie zu ihnen auf dem Niveau des Kleinkindes.

Manche Männer schenken Babys wesentlich mehr Beachtung als andere. Was unterscheidet Männer, die mit Neugeborenen – eigenen wie anderen – schäkern und um sie viel Aufhebens machen, von Männern, die wenig Interesse zeigen? Einen Anhaltspunkt verdanken wir Sandra Bem, die meint, daß unsere Definitionen, wie maskulin oder feminin wir sind, vielleicht unsere Bereitschaft zur Fürsorglichkeit beeinflussen (5). Normale Erwachsene, argumentiert sie, sind weder völlig maskulin noch völlig feminin, sondern vereinigen in sich Eigenschaften, die herkömmlich als maskulin und als feminin gelten. Daher sind manche Männer sowohl „hart" und selbstsicher (traditionelle maskuline Wesenszüge) als auch empfindsam und einfühlend (traditionelle feminine Wesenszüge). Sandra Bem bezeichnet Menschen, die sich als sehr maskulin und zugleich als sehr feminin einstufen, als „androgyn". Um herauszufinden, ob unsere Behandlung des Kleinkindes davon beeinflußt wird, wie wir unsere Geschlechtsrolle wahrnehmen, beobachtete sie Männer, die ihre Geschlechtsrolle verschieden auffaßten, bei der Interaktion mit fünf Monate alten Babys. Sie stellte fest: Androgyne Männer zeigten mehr Interesse, suchten mehr die Nähe des Babys, lächelten und redeten es mehr an und berührten es mehr, als es bei Männern der Fall war, die sich selbst als traditionell maskulin betrachteten.

Das Ausmaß des Interesses für Babys schwankt bei Männern im Laufe des Lebens und hängt davon ab, welche Rolle der Mann zu einer bestimmten Zeit in seinem Leben gerade innehat (6). Männliche Jugendliche reagieren nicht sehr bereitwillig auf Babys, doch zeigen Männer – und das überrascht wohl nicht – mehr Interesse an Babys, wenn sie Vater werden. Die Aufgeschlossenheit von Vätern für Kleinkinder nimmt meist etwas ab, sobald ihre eigenen Kinder erwachsen sind und das Haus verlassen haben. Aber wenn Männer als Großväter in die zweite „Vaterschaft" kommen, interessieren sie sich wieder für Babys. Männer sind eindeutig einer Pflege- und Schutzneigung fähig, und oft verstärkt sich ihr fürsorgliches Verhalten, wenn sie Vater oder Großvater werden.

Die Botschaften des Babys deuten

Aus anderem Beweismaterial geht hervor, daß Väter sich nicht nur aktiv um ihre Kleinkinder kümmern, sondern auch kompetente Sozialpartner für sie sind. Zu letzterem gehört, daß sie die Signale des Babys erkennen und richtig verstehen. Kleinkinder schreien, bewegen sich, lächeln, machen Spektakel, und Eltern müssen die verschiedenen Signale interpretieren können. Sind Väter für diese Signale ebenso empfindlich wie Mütter?

Unlängst haben Ann Frodi, Michael Lamb und ihre Kollegen eine Reihe von Untersuchungen vorgelegt, die den Weg zu einer Antwort weisen. Sie maßen die Sensibilität für frühkindliches Verhalten anhand psychophysiologischer Werte wie Herzfrequenz und Blutdruck und zogen auch Berichte der Eltern hinzu, in denen diese schilderten, wie sie das Verhalten des Kleinkindes beurteilten. Sowohl Mütter als auch Väter empfanden das Schreien des Kleinkindes als unangenehm, während der Anblick eines lächelnden, glucksenden Babys positive Gefühle auslöste. Die psychophysiologischen Werte ergaben ein ähnliches Bild: Ansteigen des Blutdrucks als Reaktion auf das schreiende Baby, nicht auf das lächelnde. Das Wesentlichste ist, daß die physiologischen Reaktionen von Müttern nicht anders waren als die von Vätern. Diese Daten widersprechen der Behauptung, Frauen sei das feinfühlige Reagieren auf Signale des Kleinkindes angeboren und Männern nicht. Die Forscher drückten es so aus: „Unsere Daten beweisen nicht, daß es keine biologisch bedingten Geschlechtsunterschiede gibt, aber sie sprechen gegen die Auffassung, daß die ‚mütterliche' Antwortbereitschaft überwiegend biologische Einflüsse widerspiegelt." (7)

Wie Mütter können auch Väter verschiedene Typen von Schreimustern auseinanderhalten. Zum Beispiel unterscheidet sich das Schreien eines zu früh geborenen Babys von dem eines ausgetragenen Babys – es ist nämlich schrill und hoch. Beim Anhören von Tonbändern mit dem Geschrei zu früh geborener Babys und ausgetragener Babys fanden Mütter und Väter das Schreien des zu früh geborenen Kleinkindes unangenehmer als das des ausgetragenen (8). Noch eindrucksvoller sind Daten, die darauf hindeuten, daß Männer und Frauen in gleichem Maße fähig sind, verschiedene Schreimuster zu unterscheiden. Natürlich schreien Babys aus verschiedenen Gründen – weil sie Hunger haben, weil eine Nadel piekt usw. Peter Wolff hat gezeigt, daß die Reaktion einer Mutter auf ihr schreiendes Baby – ob sie es dann füttert, es aufnimmt, oder es ignoriert – davon abhängt, wie sie sein Schreien deutet. Vor etlichen Jahren haben Ole Wasz-Hockert und seine Kollegen in Schweden ermittelt, daß sowohl Mütter als auch kinderlose Frauen voneinander abweichende Schreitypen zu unterscheiden vermochten (9). Können Männer das auch? Nach meinen eigenen Forschungen halten männliche Studenten, die selbst noch nicht Vater sind, die Schreie genauso gut auseinander, wie dies kinderlosen Frauen gelingt. Was die Deutung dieser Art von frühkindlichen Signalen betrifft, scheinen Männer mithin ebenso feinfühlig zu sein wie Frauen.

Aber zu einem erfolgreichen Austausch gehört mehr als das bloße Erkennen der kleinkindlichen Signale. Wer gut betreuen will, muß lernen, auf die Botschaft eines Babys angemessen zu reagieren. Wie bei jeder anderen Form der sozialen Interaktion reicht auch hier Stimulation allein nicht aus. Die zeitliche Dosierung oder das Tempo der Reizfolge im Verhalten einer Person ist genauso wichtig wie die Menge und Art der gebotenen Stimulation.

Väter können Kleinkind-Signale nicht nur erkennen, sondern auch als Richtlinien für ein angemessenes Verhalten ihrerseits benutzen. Ich habe in meinen Untersuchungen über Väter und Neugeborene immer wieder festgestellt, daß Väter auf Baby-Signale wie Geräusche und Mundbewegungen so aufgeschlossen reagieren wie Mütter (10). Mütter und Väter sprechen mehr zu dem Baby, berühren es mehr und betrachten es genauer, nachdem es sich durch Laute gemeldet hat. Väter werden dabei auf Äußerungen des Kleinkindes eher mit verbaler Ansprache, Mütter eher mit Berühren antworten. Beim Füttern sind Väter aus Angst, das Baby bei der Nahrungsaufnahme zu stören, mit Berührungen vielleicht zurückhaltender als Mütter. Wie die Laute des Babys lösen auch seine Mundbewegungen Reaktionen bei beiden Eltern aus: Väter und Mütter reagieren darauf, indem sie mehr mit ihm sprechen, es mehr berühren und mehr stimulieren. Diese Daten zeigen, daß Väter wie Mütter auf die Schreie des Neugeborenen sensibel und zweckbezogen eingehen, obwohl sie in ihren spezifischen Reaktionen von einander abweichen. Im Zuge der Entwicklung des Kleinkindes treten in den Reaktionen der Eltern auf manche Signale, z.B. Lächeln, eindeutig Unterschiede auf. Wie Mütter ihre Neugeborenen öfter anlächeln als Väter, so reagieren Mütter auch mehr auf das Lächeln des Kleinkindes, wenn es anfängt, selbst zu lächeln (11).

Insgesamt erinnern uns diese Befunde daran, daß die Beziehung zwischen Vater und Kleinkind eine Zweibahnstraße ist. Väter und Kleinkinder – genau wie Mütter und Kleinkinder – wirken unaufhörlich auf einander ein. Väter sprechen auf Baby-Signale an, und Babys lernen, mit ihren wachsenden Kommunikationsfähigkeiten Einfluß darauf zu nehmen, wie ihre Väter sie behandeln. Aus diesen Austauschvorgängen lernen Kleinkinder etwas Wichtiges über soziale Regulation, nämlich, daß sie andere Menschen durch ihr eigenes Verhalten beeinflussen können.

Rollendifferenzierung beginnt früh

Ich habe zwar das *Fehlen* von Unterschieden zwischen Müttern und Vätern besonders herausgearbeitet, aber es gibt einen Unterschied, der der Erwähnung bedarf. Während Mütter und Väter sich von Anfang an in gleichem Maße für ihre Babys engagieren, wird man Väter öfter mit ihren Kleinkindern spielen als sie füttern sehen. Wie aus Beobachtungsstudien hervorgeht, verwenden Mütter, auch wenn sie das Baby mit der Flasche aufziehen, mehr Zeit auf das Füttern und die damit zusammenhängende Betreuung des Babys (z.B. Abwischen seines Gesichts) als Väter. Von den ersten Lebenstagen des Kleinkindes an werden die elterlichen Rollen klar differenziert. Diese traditionelle Rollenteilung existiert sogar in Familien, wo beide Ehepartner das Gleichgewicht von Vater und Mutter in der Erziehung betonen. Darin scheint sich eine allgemeinere Tendenz zu spiegeln: Schwangerschaft und die Geburt des ersten Kindes bewegen die Eltern oft zu einer herkömmlicheren Rollenverteilung. Dies bestätigt eine neuere Studie von Carolyn Cowan und ihren Kollegen über Paare während der Schwangerschaft und bis sechs Monate nach der Geburt des ersten Kindes (12). Sie stellten fest, daß Paare in verschiedenen Bereichen wie z.B. Haushaltsarbeit, Treffen von Entscheidungen und Säuglingspflege zu einem traditionellen Arrangement übergingen, und zwar unabhängig davon, ob sie sich ihre Rolle zuvor nach dem herkömmlichen Schema oder gleichberechtigt geteilt hatten.

Die meisten Belege deuten darauf hin, daß dieses Muster über den Klinikaufenthalt und die erste Zeit nach der Geburt hinaus Bestand hat. Milton Kotelchuck stellte in einer neueren Studie in Boston fest, daß Mütter im Schnitt täglich 1 1/2 Stunden auf das Füttern ihrer einjährigen Kleinkinder verwandten, Väter hingegen nur 15 Minuten. Freilich waren die meisten dieser Väter tagsüber abwesend, die meisten Mütter aber daheim. Doch das ist nicht der einzige Grund für den Unterschied. Fünfundsiebzig Prozent der Väter hatten keine regelrechten Pflichten in der Betreuung ihrer Kleinkinder, und 43 Prozent berichteten, sie hätten ihnen noch nie eine Windel gewechselt. Übrigens ist das nicht nur in Amerika so. Martin Richards und seine Kollegen haben ähnliches aus Großbritannien berichtet. Nur 35 Prozent der Väter, die ihre Studie erfaßte, fütterten ihre dreißig Wochen alten Babys regelmäßig. Nach dem ersten Geburtstag ihrer Babys halfen 40 Prozent der Väter regelmäßig beim Füttern (13).

Unter manchen Umständen beteiligen sich Väter aktiver an der Säuglingspflege. Wie ich schon in Kapitel 2 sagte, kümmern sich Väter zeitlich ausgiebiger um ihre Babys, wenn die Mütter durch Kaiserschnitt entbunden worden waren. Eine andere Situation, die dem Vater eine größere Rolle in der Frühbetreuung zuweisen kann, ist die Geburt eines Babys vor der Zeit. Wenn ein Baby früher als erwartet kommt, kann dies für die Familie eine Streßsituation schaffen, die die Bedeutung des Vaters als Stütze der Mutter erhöht. Wissenschaftler in England und in den Vereinigten Staaten haben unlängst festgestellt, daß Väter zu früh geborener Babys sowohl in der Klinik als auch später daheim beim Füttern, Trockenlegen und Baden ihrer Kleinkinder aktiver sind als Väter ausgetragener Babys (14). Die aktivere Teilnahme dieser Väter an der Betreuung ist besonders hilfreich, weil zu früh geborene Babys in der Regel öfter gefüttert werden müssen und öfter Eßschwierigkeiten haben als ausgetragene Babys. Auch können das Füttern zu früh geborener Babys und das Interagieren mit ihnen weniger befriedigend sein, weil sie auf elterliche Stimulation oft nicht so gut ansprechen wie ausgetragene Babys (15).

Wenn der Vater eines zu früh geborenen Babys also mehr als üblich an der Betreuung mitwirkt, nimmt er der Mutter etwas von dieser Verantwortung ab, gibt ihr Gelegenheit, sich auszuruhen (was sie ja dringend nötig hat), und wirkt dadurch vielleicht indirekt auf das Baby ein, indem er die Mutter-Kleinkind-Beziehung positiv beeinflußt.

Auch in anderer Hinsicht ist die Unterstützung durch den Vater wichtig. Oft muß ein zu früh geborenes Baby eine Weile in der Klinik bleiben; in dieser Zeit kommt dem Vater eine wesentliche Rolle zu, indem er das Kleine im Krankenhaus besucht und mit ihm vertraut wird. Unlängst hat Klaus Mindes Forschungsarbeit in Kanada gezeigt: Viele Mütter, die ihr Gatte unterstützt, besuchen ihre zu früh geborenen Babys häufiger in der Klinik und haben dann später weniger Probleme mit der elterlichen Betreuung als Mütter, deren Klinikbesuche seltener waren (16). Wieder erkennen wir, daß Väter ihre Kleinkinder beeinflussen können, indem sie auf die Mutter-Baby-Beziehung einwirken. Wenn wir die Rolle des Vaters in der Entwicklung des Kleinkindes verstehen wollen, müssen wir das Verhalten des Vaters im Kontext seiner Rolle in der Familie sehen.

Auch wenn es sich um ausgetragene Babys handelt, wird die Verantwortung für die Betreuung des Kindes zwischen Mutter und Vater in den einzelnen Familien oft ganz verschieden aufgeteilt. In einer neueren Studie über australische Väter stellte Graeme Russell fest, daß die Geschlechtsrollen-Orientierung des Mannes weitgehend mitbestimmte, in welchem Umfang er sich am Wickeln, Füttern und an anderen normalen Betreuungsaufgaben beteiligte. Anhand der oben beschriebenen Geschlechtsrollen-Androgynie, die Sandra Bem als Maß benutzte, ermittelte Russell, daß die androgynen Väter – also solche, die sich selbst maskuline und feminine Wesenszüge wie Durchsetzungsfähigkeit und Sensibilität zuschrieben – an der täglichen Betreuung des Kindes mehr mitwirkten als Väter, die sich als maskulin schilderten. Die androgynen Männer übernahmen zeitlich etwa 25 Prozent der täglichen Betreuung, während der Zeitanteil der maskulinen Männer am Anziehen, Füttern, Baden und Wickeln weniger als 10 Prozent betrug. Auch interagierten androgyne Väter alles in allem mit ihren Kindern mehr, spielten öfter mit ihnen und lasen ihnen häufiger Geschichten vor als die „maskulineren" Väter (17).

Von Bedeutung ist ferner, welches Verhalten die Frauen von ihren Gatten erwarten. Sogar die Männer, die sich als maskulin betrachteten – als harte Burschen, stark, und selbstsicher –, wickelten das Baby öfter, wenn sie mit einer androgynen Frau oder einer, die sich selbst als maskulin ansah, verheiratet waren. Nur wenn ein „typisch maskuliner" Mann eine Ehefrau hatte, die sich selbst als „typisch feminin" einstufte, konnte er sich dem Trockenlegen oder dem routinemäßigen Füttern des Kleinkindes entziehen. Russells Arbeit erinnert uns daran, daß Familien die Kinderbetreuung sehr verschieden aufteilen. In den von ihm untersuchten Familien oblag die Fürsorge jedoch immer noch in erster Linie den Müttern, während selbst die androgynen Männer in der Kinderpflege die zweite Geige spielten.
Sind Väter deshalb die sekundären Betreuungspersonen, weil sie für die Kinderbetreuung weniger begabt sind als Mütter? Als Douglas Sawin und ich diese Hypothese testeten, erwies sie sich als falsch. Wir beobachteten Mütter und Väter beim Füttern ihrer Babys und maßen deren Milchverzehr. Resultat: Von Vätern nahmen die Babys fast dieselbe Menge Milch an wie von Müttern (18). Aber zu einer guten Babybetreuung gehört natürlich mehr als das Einflößen von Nahrung. Wie schon früher erläutert, ist elterliche Kompetenz am besten daran zu messen, wie einfühlsam Eltern Signale und Winke des Kleinkindes interpretieren und beantworten. Nehmen wir das Füttern. Ziel des Betreuenden ist es, das Baby kontinuierlich mit genügend Milch zu versorgen. Durch Verhaltensweisen wie Saugen, Pausieren, Husten oder Ausspucken bekunden Kleinkinder, ob das Füttern glatt verläuft oder anders reguliert werden muß. Wie gut Eltern sich auf das Nährgeschäft verstehen, läßt sich zum Beispiel daran ablesen, wie rasch sie ihr Verhalten auf Kummersignale des Kleinkindes hin modifizieren. Sawin und ich beobachteten Väter und Mütter beim Füttern ihrer Babys und fanden heraus, daß Väter auf die Signale genauso einfühlsam reagierten wie Mütter. Väter antworteten – wie Mütter – auf die Signale des Babys sofort, indem sie das Nährgeschäft unterbrachen, das Kind eingehender untersuchten und zu ihm sprachen. Der einzige Unterschied zwischen Müttern und Vätern bestand darin, daß Väter weniger als Mütter dazu neigten, ihre Babys durch Berühren zu stimulieren, wenn das Kleine eine momentane Schwierigkeit zu erkennen gab. Obgleich Väter die Tendenz haben, für die

Fütterung ihrer Babys weniger Zeit aufzuwenden, sind sie im Kontext des Nährgeschäfts für Winke des Kleinkindes ebenso empfänglich und dann ebenso reaktionsfähig wie Mütter.
Wenn Väter aber Kleinkinder so geschickt füttern können, warum tun sie es dann nicht häufiger? Vielleicht liegt das auch daran, daß Vätern diese Fähigkeit von Eltern einfach nicht zugetraut wird. In einer anderen neueren australischen Studie fand Graeme Russell, daß 51 Prozent der Mütter und 71 Prozent der Väter an einen „Mutterinstinkt" hinsichtlich der Kinderbetreuung glaubten (19). Und während von den Müttern 60 Prozent meinten, daß ihre Gatten zum Betreuen von Kindern imstande seien, sprachen sich von den Vätern nur 34 Prozent diese Fähigkeit zu. Überdies waren die meisten Väter der Ansicht, daß ihre Aufgabe erst nach dem Babystadium beginne und daß der Vater im späteren Leben des Kindes, zumal in der Adoleszenz, wichtiger sei.
Wenn Väter nicht direkt an der Fütterung ihrer Babys mitwirken, können sie den Erfolg des Nährgeschäfts doch indirekt beeinflussen, nämlich durch ihre Beziehung zu der Mutter. In Kapitel 1 haben wir Frank Pedersens Befund erörtert, daß Mütter mit gespannten und unharmonischen Beziehungen zu ihren Gatten beim Füttern ihrer Babys nicht so geschickt waren. Auch in anderer Hinsicht sind indirekte Einflüsse der Väter erkennbar. Denken wir an die Rolle des Vaters, wenn die Mutter stillt. Die Forscherinnen Doris Entwisle und Susan Doering stellten fest, daß Mütter, die beim Brustnähren unterstützt wurden, ihre Säuglinge länger stillten als Mütter mit weniger hilfreichen Gatten (20). Väter können stillenden Müttern natürlich helfen, indem sie andere Betreuungsarbeiten wie Baden und Trokkenlegen übernehmen und gelegentlich die Mama entlasten, indem sie dem Baby ein ergänzendes Fläschchen geben. Alles in allem können Väter ihre Babys und ihre Frauen in der Anfangszeit durch einen direkten und einen versteckten Beitrag zum Nährgeschäft beeinflussen.

Spielen

Spielen gehört zu den Hauptbeschäftigungen von Babys und Kindern. Das Spielen beginnt schon sehr früh im Säuglingsalter; Babys sind für die spielerische Interaktion mit anderen Menschen gut gerüstet. Neuere Forschungen über Wahrnehmung zeigen, daß Babys besonders auf menschliche Gesichter und Stimmen ansprechen. Rudolph Schaffer schreibt:

> ... Von Lebensbeginn an kann es durch selektive Aufmerksamkeit regulieren, was es aufnimmt. Wenn es die Wahl hat, wird es diejenigen Merkmale seiner Umgebung auswählen, für die es aufgrund seines physischen Rüstzeugs am empfänglichsten ist. ... Wenn wir ein Objekt zu entwerfen hätten, das alle diese Merkmale einschließt und daher maximal aufmerksamkeitswürdig ist, würde es auf ein menschliches Wesen hinauslaufen. ... Es ist, als wäre das Kind biologisch so eingestellt, daß es zur Auslösung nur noch bestimmter, ganz spezifischer, wiewohl primitiver Reize bedarf, Reize, die andere Menschenwesen aufweisen. Und man kann natürlich ohne weiteres verstehen, daß es für das Baby biologisch von Vorteil ist, von Anfang an auf Interaktion mit anderen Menschen vorbereitet zu sein (21).

Wie Babys auf den Anblick eines menschlichen Gesichts reagieren, so werden sie auf menschliche Stimmen wahrscheinlich mehr ansprechen als auf andere Schallereignisse.

Väter und Mütter sind aktive Spielkameraden für das Kleinkind. Mütter tragen zur Entwicklung ihres Babys vielerlei auf sehr verschiedene Weise bei, aber Väter tun es wohl hauptsächlich durch Spielen mit dem Kinde. Wenn die Mutter nicht außerhalb des Hauses arbeitet, verbringt sie insgesamt vermutlich mehr Zeit im Spiel mit ihrem Baby als der Vater, doch proportional gesehen verwenden Väter auf das Spielen mit dem Baby mehr Zeit als Mütter. So stellte Milton Kotelchuck in seiner Studie über Mittelschicht-Familien in Boston fest: Von der Zeit, die sie mit dem Kleinkind verbringen, widmen Väter fast 40 Prozent dem Spielen mit dem Baby, Mütter dagegen nur etwa 25 Prozent (22). Andererseits betreuen Mütter, die daheim bleiben, ihre Kinder generell in demselben Maße, wie sie mit ihnen spielen. Väter sind gewöhnlich sekundäre Betreuungspersonen, haben dafür aber als Spielpartner eine wichtige Aufgabe.

In einer neueren Untersuchung über englische Eltern fanden Martin

Richards und seine Kollegen heraus, daß Spielen die häufigste Aktivität der Väter von 30 Wochen und 60 Wochen alten Babys war. Tatsächlich spielten 90 Prozent der Väter regelmäßig mit ihren Babys, während weniger als 50 Prozent sich an der Betreuung beteiligten. Ähnlich ist die Situation in den Vereinigten Staaten. Michael Lamb und seine Mitarbeiter beobachteten Mütter und Väter bei der Interaktion mit ihren Kleinkindern im Alter von sieben bis acht Monaten und dann wieder im Alter von zwölf bis dreizehn Monaten. Dabei zeigte sich, daß Väter und Mütter ihre Babys aus ganz verschiedenen Gründen aufnahmen: Bei Vätern war die Wahrscheinlichkeit größer, daß sie ihre Babys hielten, um mit ihnen zu spielen, während Mütter sie mehr zu Betreuungszwecken wie Füttern und Baden hielten (23). Doch nach Meinung von Frank Pedersen und seinen Kollegen sind Väter nicht immer der wichtigste Spielkamerad ihrer Kinder (24). Sie beobachteten Mütter und Väter zusammen mit ihren fünf Monate alten Kleinkindern und entdeckten, daß Väter nur dann mit den Kleinen mehr spielten als Mütter, wenn der Vater außerhalb des Hauses berufstätig war, die Mutter aber nicht. In Familien, wo beide Eltern nicht daheim arbeiteten, spielten Mütter mehr als Väter. Da diese Beobachtungen abends nach der Heimkehr beider Eltern von der Arbeit gemacht worden waren, deutet Pedersen das Spielen der Mutter mehr als eine Wiederaufnahme des Kontaktes mit ihrem Baby nach ganztägiger Abwesenheit. Unter anderem zeigte sich, daß in diesen Familien, in denen beide Eltern außerhalb des Hauses berufstätig waren, die Väter weniger Zeit zum Spielen mit ihren Kleinkindern hatten. Die Organisation der Arbeit in der Familie kann den Status der Väter als Primär-Spielkamerad eindeutig beeinflussen. Ob diese Mütter aber auch so aktive Spielpartner bleiben, wenn das Baby älter wird, ist noch ungeklärt.

Verfügen Mütter und Väter über verschiedene Spielstile? Betrachten wir die folgenden zwei Beispiele. Der Vater nimmt den sieben Monate alten Nathan, wirft ihn hoch und legt den Kopf so in den Nacken, daß er und Nathan direkten Blickkontakt haben. Nathan kichert vergnügt; der Vater hält ihn tiefer, schüttelt ihn ein bißchen und wirft ihn wieder hoch. Die Mutter setzt sich die zehn Monate alte Lisa auf den Schoß und zieht ihr Lieblingsspielzeug hervor, einen grünen Esel, der schreit, wenn man ihn drückt. Lisa lächelt. Die nächsten paar Minu-

ten lang bewegt die Mutter den Esel vor Lisas Augen hin und her, läßt ihn schreien, redet mit ihrer Tochter und singt für sie. Lisa gibt aufmerksam Obacht, lächelt und langt gelegentlich nach ihrem Esel. Sind diese Beispiele lediglich kulturbedingte Klischees, oder spielen Mütter und Väter wirklich verschieden mit ihren Babys?
Eine Reihe neuerer Untersuchungen bestätigt, daß solche Verschiedenheiten im elterlichen Spielverhalten wirklich existieren. Michael Yogman, T. Berry Brazelton und ihre Kollegen erforschten Unterschiede im Spielen von Mutter und Vater, indem sie fünf Kleinkinder im Alter von zwei bis 24 Wochen beobachteten (25). In einer Situation, die den Bedingungen eines Versuchsraumes entsprach, beobachteten sie jedes Baby mit drei verschiedenen Spielpartnern – mit dem Vater, mit der Mutter und mit einer fremden Person. Das Baby saß in einem Kinderstühlchen. Nun wurden die Vis-à-vis-Interaktionen gefilmt, die sich zwischen dem Kleinkind und dem Erwachsenen im Spiel entwickelten. An den Sprech- und Berührungsmustern zeigten sich deutliche Unterschiede, wie die Erwachsenen mit den Kleinkindern spielten. Mütter sprachen leise, wiederholten Wörter und Phrasen häufig und imitierten die Geräusche des Babys öfter als Väter oder Fremde. Für diese Mütter war ein Sprechschub-Pause-Muster typisch, d. h. auf eine schnell hervorgebrachte Reihe von Wörtern und Geräuschen folgte eine kurze Schweigeperiode. Väter boten weniger verbale Stimulation, aber mehr Berührungsreize als Mütter. Sie berührten ihre Kleinkinder in rhythmischen Klopfmustern häufiger, als Mütter oder Fremde es taten. Das Vater-Baby-Spiel wechselte rasch zwischen Höhepunkten mit gespannter Aufmerksamkeit und hoher Erregung beim Baby und Phasen von minimaler Aufmerksamkeit, während das Mutter-Baby-Spiel mehr allmähliche Übergänge enthielt. Brazeltons Kommentar dazu:

Die meisten Väter scheinen es auf ein spaßigeres, lebhafteres Spielen anzulegen. Wenn man diese Interaktion beobachtet, gewinnt man den Eindruck, daß der Vater eine intensivere, ausgelassenere Reaktion des Babys erwartet. Und die bekommt er! Erstaunlicherweise zeigt ein Baby mit zwei oder drei Wochen seinem Vater gegenüber eine völlig andere Einstellung (es ist munterer, staunt und „strahlt" mehr) als seiner Mutter gegenüber. Man könnte die Zyklen als höher, tiefer und sogar ein bißchen stärker gezackt charakterisieren (26).

Obwohl Väter und Mütter im Stil ihres frühen Vis-à-vis-Spielens mit dem Kleinkind voneinander abweichen, offenbart sich bei beiden ein hohes Maß an Sensibilität für ihre Babys. Kennzeichnend für das Spielen des Vaters wie der Mutter ist die Wechselseitigkeit: Elternteil und Kleinkind führen einen Dialog mit deutlichem, zyklischem Sich-Annähern und Sich-Zurückziehen beider Spielpartner. Bei jungen Babys tragen wahrscheinlich die Eltern das meiste zu dieser Wechselseitigkeit bei; sie wecken die Aufmerksamkeit des Babys, richten ihr Verhalten so ein, daß das Kind interessiert bleibt, und senken ihr Stimulationsniveau, wenn das Baby ermüdet oder sich langweilt. Wenn Babys älter werden, entwickeln sie mehr Geschicklichkeit im Anpassen ihres Verhaltens, um die Interaktion in Gang zu halten. Wie Jerome Bruner unlängst demonstriert hat, können ein Jahr alte Kleinkinder Spiele mit Einanderabwechseln spielen, bei denen jeder Partner seinen Teil zu der Fortführung des Austausches beizutragen hat (27).

Auch beim Spielen mit älteren Kleinkindern und in anderen Situationen als beim Vis-à-vis-Spiel wenden Mütter und Väter verschieden geartetete Spielstile an. Thomas Power und ich haben die Spieltypen untersucht, die Väter und Mütter mit ihren acht Monate alten Babys in einem Labor-Spielzimmer praktizierten (28). Im Gegensatz zu den früheren Studien des Vis-à-vis-Spielens war die Situation diesmal verhältnismäßig unstrukturiert; den Eltern wie den Kleinkindern stand Spielzeug zur Verfügung. Wir konnten dabei eine Anzahl charakteristischer Spiele identifizieren. Die Skala reichte von „distalen" Spielen, bei denen das Baby durch Schütteln oder Vorzeigen eines Spielzeugs in einer gewissen Entfernung stimuliert wurde, bis zu „physischen" Spielen mit direktem Anfassen, Hochheben oder Hüpfenlassen des Babys. Bei anderen Spielen, zum Beispiel Greifaktivitäten oder solchen, wo etwas herbeizuholen ist, soll das Kleinkind ein Spielzeug halten oder ein in der Nähe befindliches holen.

Mütter und Väter betreiben vielfach dieselben Spiele, aber in ihren Spielstilen gibt es ausgeprägte Unterschiede. Väter widmeten sich entschieden mehr als Mütter physischen Spielen wie Hüpfenlassen. Mütter dagegen stellten mehr auf distales, die Aufmerksamkeit erregendes Spielen ab und bevorzugten Beobachtungsspiele. Ein beliebtes Spiel der Mütter bestand darin, daß sie dem Baby ein Spielzeug zeigten und letzteres dann schüttelten und bewegten, um das Kind zu stimulieren. Väter bevorzugten „Hochhebe"-Spiele mit ihren männlichen Babys und spielten mit ihren weiblichen Babys weniger körperbetont.

Diese Unterschiede zwischen dem mütterlichen und dem väterlichen Spielstil sind daheim ebenso evident wie im Versuchsraum. Michael Lamb fand bei der Beobachtung von Kleinkindern zwischen 8 und 24 Monaten heraus, daß Väter mehr physische Spiele, z. B. Raufspiele, und mehr ausgefallene oder idiosynkratische Spiele inszenierten als Mütter. Mütter widmeten sich in stärkerem Maße als Väter herkömmlicheren Spielen (wie „Guck-Guck" und „Backe-backe-Kuchen"), Spielen mit Reiz-Spielzeug (Schütteln eines Spielzeugs, um das Kind anzuregen) und dem Vorlesen. Eine Forscherin, K. Alison Clarke-Stewart, formulierte es unlängst so: „Mit dem Spielen der Mütter verglichen, war das der Väter eher physisch und erregend als intellektuell, didaktisch oder objektvermittelt" (29). Väter bieten ihren Kleinkindern nicht nur mehr Stimulation, sondern auch ein qualitativ anderes Stimulationsmuster.

Nun wenden Väter diesen überwiegend physischen Spielstil aber nicht bei jedem Baby an. In einer Untersuchung haben meine Kollegen und ich kürzlich beobachtet, wie Väter und Mütter sich gegenüber ausgetragenen Babys einerseits und zu früh geborenen Babys andererseits verhalten. (In den Vereinigten Staaten kommen annähernd 14 Prozent aller Babys vor der Zeit zur Welt.) Sowohl in der Klinik als auch bald nach der Heimkunft dieser Babys zeigte sich bei Vätern die für sie kennzeichnende größere Häufigkeit des physischen Spielens *nur* im Umgang mit ausgetragenen Babys. Mit Babys, die zu früh geboren waren, spielten Väter nicht so körperbetont. Es wird gegenwärtig untersucht, ob Väter vorzeitig geborener Babys mit ihnen auch bei voranschreitender Entwicklung weiterhin anders spielen. Vielleicht gehen sie zu mehr physischem Spielen über, wenn ihr zu früh geborenes Baby älter geworden ist und ihnen nun robuster erscheint.

Die Spiele von Vätern und Müttern können einen wichtigen Einfluß auf die spätere soziale und kognitive Entwicklung des Kindes haben. Manche Spiele zeitigen nur kurzfristige Effekte; ihr Hauptzweck besteht darin, die Aufmerksamkeit des Kindes zu fesseln und die soziale

Interaktion zwischen Elternteil und Kleinkind in Gang zu halten. Spiele dieses Typs sind Beobachten, Spielzeug-Anfassen, Hüpfenlassen, Hochheben. Andere Spiele mögen die Entwicklung des Kleinkindes auf lange Sicht beeinflussen. Greifspiele etwa und solche, wo etwas herbeizuholen ist, können dem Kleinkind helfen, das Erkunden von Objekten oder der weiteren Umgebung zu erlernen. Im „Vis-à-vis"-Spielen kann das Kleinkind Gewandtheit im Sichabwechseln erwerben und sich früh im Beherrschen des sozialen Umfeldes üben. Wie wir in späteren Kapiteln sehen, beeinflussen Väter die spätere Entwicklung ihres Kindes vor allem durch ihr Spielen mit dem Kind mehr als Mütter.
Wieso spielen Mütter anders als Väter? Haben die Unterschiede eine biologische Grundlage oder gehen sie auf Umwelteinflüsse zurück? Erfahrung mit Kleinkindern, die Menge der Zeit, die gewöhnlich mit Kleinkindern verbracht wird, die üblichen Pflichten (Betreuen versus Spielen), die ein Elternteil wahrnimmt – alle diese Faktoren können sich auf den Spielstil dieses Elternteils unabhängig vom Geschlecht signifikant auswirken. Tiffany Field hat unlängst Väter, die als Primär-Betreuer fungieren (ein Trend in der familialen Organisation, der in den Vereinigten Staaten zunimmt), mit Vätern verglichen, die Sekundär-Betreuer sind, d.h. die eine traditionelle Vaterrolle erfüllen (30). Anhand derselben „Vis-à-vis"-Interaktionssituation, die ich oben beschrieben habe, stellte sie fest, daß die beiden Gruppen von Vätern mit ihren Kleinkindern unterschiedlich spielten. Väter mit Primärbetreuer-Funktion lächelten mehr und imitierten die Mimik ihres Babys sowie seine Lautäußerungen in hoher Tonlage mehr als Väter mit Sekundärbetreuer-Funktion. Darin verhielten sie sich ganz ähnlich wie Mütter, die Primärbetreuer-Funktion haben. Wenn der Vater der primäre Betreuer ist und daher mehr Zeit auf das Baby verwendet, scheint dies den väterlichen Spielstil erheblich zu beeinflussen – ein Hinweis darauf, daß das Verhalten von Vätern modifizierbar und nicht gänzlich biologisch bestimmt ist. Aber nicht alle Aspekte des väterlichen Spielstils änderten sich. Die Väter mit Primärbetreuer-Funktion spielten genauso „physisch" wie die Väter mit Sekundärbetreuer-Funktion; demnach könnte die Veränderbarkeit des typischen Stils von Vätern begrenzt sein. Ähnlich konstant bleibt der ausgeprägt verbale Spielstil von Müttern in verschiedenen For-

men der Familienorganisation. Pedersens Studie über Mütter, die außerhalb des Hauses arbeiteten, ergab, daß Mütter mehr spielten, aber ihren Spielstil nicht änderten (31). Die berufstätigen Mütter stimulierten ihre Babys verbal mehr als zuvor; sie wurden nicht etwa Vätern ähnlicher, indem sie mit ihren Babys mehr körperbetont spielten. Ob diese charakteristischen weiblichen und männlichen Spielstile auf Kultureinflüsse oder auf biologische Faktoren zurückzuführen sind, ist bislang ein Rätsel, das künftige Forscher zu lösen haben. Aber die Tatsache, daß männliche Affen denselben physischen Raufspiel-Stil zeigen wie Menschenväter, legt den Schluß nahe, daß wir eine biologische Komponente im Spielstil von Müttern und Vätern immerhin für denkbar halten müssen.

Für die Kleinkinder sind diese Verschiedenheiten der elterlichen Spielstile keineswegs belanglos. Kleinkinder scheinen auf das Spielen mit ihren Vätern positiver zu reagieren als auf das Spielen mit ihren Müttern. K. Alison Clarke-Stewart stellte in einer Untersuchung zweieinhalbjährigen Kindern die Wahl des Spielpartners frei: Über zwei Drittel der Kinder spielten lieber mit ihren Vätern als mit ihren Müttern. Nach anderen Daten könnte die Vorliebe eines Kindes für den einen oder den anderen Elternteil als Spielpartner davon abhängen, ob das Kind ein Junge oder ein Mädchen ist. Bei David Lynn heißt es: Während Jungen stets eindeutig ihre Väter als Spielkameraden bevorzugen, tritt bei Mädchen zwischen zwei und vier Jahren eine Präferenzverschiebung bezüglich des Spielpartners vom Vater zur Mutter auf (32). Diese Verschiebung könnte daher kommen, daß Mädchen sich mit fortschreitender Entwicklung immer mehr ihre Mutter zum Vorbild nehmen, um von ihr weibliches Geschlechtsrollen-Verhalten zu lernen.

Mütter und Väter sind wichtige Spielpartner, aber auf die Entwicklung des Babys können sie verschiedenartig Einfluß nehmen. Die physische Stimulation durch den Vater ergänzt die verbale Interaktion mit der Mutter. Es ist noch nicht klar, inwieweit jede dieser selbständigen Komponenten zur Entwicklung des Kleinkindes beiträgt.

Das Geschlecht des Kleinkindes und das Verhalten des Vaters

Vor der Geburt ihres Babys haben viele Eltern eine klare Vorstellung davon, ob sie einen Jungen oder ein Mädchen bekommen möchten – und das besonders, wenn es ihr erstes Kind sein wird. Sowohl Mütter als auch Väter bevorzugen Jungen, nicht nur in den Vereinigten Staaten oder in Großbritannien, sondern auch in Indien, Brasilien und einigen anderen Ländern. Besonders stark ist diese Präferenz bei Männern; auf einen Mann, der sich ein Mädchen wünscht, kommen drei bis vier Männer, die Jungen haben wollen. Von diesen Vorlieben werden Fortpflanzungsmuster beeinflußt. Lois Hoffman hat eine umfangreiche Befragung von 1500 Frauen und 400 Männern durchgeführt und gefunden: Paare, die nur Mädchen haben, neigen mehr dazu, weitere Kinder in die Welt zu setzen. Um endlich einen Jungen zu kriegen, produzieren sie mehr Nachwuchs, als sie ursprünglich geplant hatten (33).
Wenn Eltern – und besonders Väter – Söhne bevorzugen, erhebt sich die Frage, ob sie die Söhne anders behandeln als die Töchter, wenn sie dann auf der Welt sind. Väter behandeln männliche Babys eindeutig anders als weibliche, sogar in der Neugeborenenperiode. Bei einer Studie über väterliches Verhalten in der Klinik berührten Väter am meisten ihre Söhne und sprachen sie auch am häufigsten an. Aber Väter reden nicht nur mehr mit ihren Jungen, sie reagieren auch stärker auf deren Lautäußerungen. Diese Muster sind besonders dann ausgeprägt, wenn es sich um erstgeborene Söhne handelt. Aber auch Mädchen werden von ihren Eltern nicht übergangen. Nach Evelyn Thoman und ihren Kollegen sind Mütter bei Mädchen die aktiveren Stimulatoren. In ihren Untersuchungen über Mütter und Neugeborene beim Füttern stellten sie fest, daß Mütter ihre Töchter mehr ansprachen und berührten als ihre Söhne (34).
Dieses Muster beschränkt sich nicht auf die ersten paar Tage nach der Geburt des Babys. Als Sawin und ich Väter mit ihren Kleinkindern im Alter von drei Wochen und im Alter von drei Monaten in ihren Wohnungen beobachteten, bemerkten wir, daß Väter Jungen und Mädchen weiterhin verschieden behandeln (35). In einer Spielsituation stimulierten Väter ihre Söhne durchweg mehr als ihre Töchter. Väter

berührten ihre Söhne häufiger und reizten deren Neugier, indem sie ihnen Spielzeug zeigten, öfter als die ihrer Töchter. Väter schauten ihre Knaben sogar häufiger an als ihre Mädchen. Natürlich spielten Väter auch mit ihren Töchtern, aber in dieser Studie waren die Mütter die Hauptstimulationsquelle für weibliche Babys. Mütter stimulierten ihre Töchter öfter mit einem Spielzeug und berührten und bewegten sie mehr als ihre Söhne. Ein ähnlicher Effekt zeigte sich beim Füttern: Väter versuchten, ihre Söhne, häufiger als ihre Töchter, durch Bewegen der Flasche zum Trinken anzuregen. Mütter schienen dies zu kompensieren, indem sie ihren Töchtern beim Nährgeschäft mehr Stimulation boten als ihren Söhnen. Aber das Bild ist komplizierter. Beim Halten zum Beispiel drücken Väter ihre Söhne nicht eng an sich, wohl aber ihre Töchter. Mütter dagegen tun dies mehr mit ihren Söhnen als mit ihren Töchtern. Zum Teil können diese Muster die anderen Beobachtungen erklären: Wenn Sie Ihr Baby zu eng an sich drücken, werden aktives Bewegen, Berühren und andere Stimulation schwierig.

Daß Väter nach diesem Muster Zuneigung zu ihren Töchtern bekunden und ihre Söhne stimulieren, könnte die früheste Form einer Geschlechtsrollentypisierung sein. Väter, das wissen wir aus anderen Forschungen, möchten bei ihren Söhnen die körperliche und intellektuelle Entwicklung fördern; vielleicht wollen sie bei Töchtern die Entwicklung zur Weiblichkeit begünstigen. Wie ich in einem späteren Kapitel dartun werde, tragen Mütter wesentlich zur intellektuellen Entfaltung ihrer Mädchen bei. Die frühe Stimulierung des weiblichen Babys durch seine Mutter könnte ein Vorläufer späterer intellektueller Förderung sein.

Diese Muster scheinen das ganze Säuglingsalter hindurch fortzubestehen. Milton Kotelchuck stellte fest, daß Väter mit ihren erstgeborenen Söhnen täglich etwa eine halbe Stunde länger spielen als mit ihren erstgeborenen Töchtern. Zudem spielen Väter mit Knaben andere Spiele als mit Mädchen. Väter spielen physische Spiele wie z.B. Hochheben und Hochwerfen mehr mit ihren männlichen Babys als mit ihren weiblichen und tauschen mit ihren Mädchen mehr Laute aus als mit ihren Knaben (36). Diese unterschiedliche Behandlung mag zum Teil mit dem zusammenhängen, was Väter und Mütter schon früh vom männlichen und vom weiblichen Baby erwarten. Jef-

ferey Rubin und seinen Kollegen fiel auf: Bevor Väter ihre neugeborenen Babys auch nur einmal gehalten hatten, fanden sie schon auf den ersten Blick ihre Söhne stabiler, größer gestaltet, besser koordiniert, wacher, stärker und kräftiger, ihre Töchter indessen sanfter, feiner gestaltet, unaufmerksam, schwächer und zarter. Rubin und seine Kollegen halten es für möglich, daß die Geschlechtertypisierung schon bei der Geburt begonnen hat, als die Eltern nur ganz wenige Informationen über ihr Baby hatten. Überdies „könnten die Kennzeichnungen, die sie ihrem neugeborenen Baby beilegen, durchaus das weitere ... elterliche Verhalten beeinflussen" (37).
Nicht nur in den Vereinigten Staaten und in Großbritannien gibt es diese Muster. Weitere Informationen sind einer Untersuchung über den israelischen Kibbuz zu entnehmen. In diesen kollektiven ländlichen Siedlungen wachsen Kleinkinder in Gruppenhäusern statt im traditionellen Familienverband auf. Jacob und Hava Gewirtz protokollierten Muster und Dauer der Besuche von Eltern bei ihren Söhnen oder Töchtern im Baby-Gruppenhaus. Väter männlicher Babys blieben länger als Väter weiblicher Babys. Andere Belege, die die Anthropologen Mary West und Melvin Konner beisteuerten, deuten darauf hin, daß diese Effekte auch in nicht-modernen Kulturen vorhanden sein könnten. Bei den Kung San in Botswana, einer Jäger- und Sammler-Kultur, bringen Väter ebenfalls mehr Zeit mit Jungen als mit Mädchen zu, zumal, wenn die Kleinkinder älter werden (38).
Dieses Muster zeigt sich auch bei nichtmenschlichen Primaten. Neuere Studien im Versuchsraum weisen klare Unterschiede in den Reaktionen erwachsener Männchen auf männliche und weibliche Babys auf. Bei Rhesusaffen, die William Redican beobachtete, „neigten Mütter dazu, mit weiblichen Babys zu spielen, erwachsene Männchen dagegen zum Spielen mit männlichen Babys. Im allgemeinen interagierten Mütter positiver mit weiblichen Babys, erwachsene Männchen mit männlichen Babys" (39).
Quer durch Kulturen, Spezies und Kleinkindaltersklassen hindurch beeinflußt das Geschlecht des Babys oder des jungen Kindes erheblich die Interaktion zwischen Elternteil und Kind. Eltern behandeln Knaben und Mädchen von Geburt an verschieden; demnach könnte der Prozeß der Geschlechtstypisierung (d. h. der Prozeß, in dem man die Verhaltensweisen erlernt, die gewöhnlich als dem eigenen Ge-

schlecht angemessen gelten) viel früher beginnen, als man bislang vermutete.

Väter interagieren mit ihren Babys viel mehr als früher, aber viele traditionelle Rollenverteilungen zwischen Müttern und Vätern haben sich bis heute erhalten. Im allgemeinen betreuen Mütter ihre Babys mehr, als Väter es tun, doch Väter wiederum spielen mehr mit ihren Babys. Gleichwohl tragen beide Elternteile zur Betreuung und zum Spielen bei, wenn auch auf verschiedene Weise. Kein einzelnes Profil der Beziehung zwischen Vater und Baby wird allen Vätern gerecht. Väter können im Säuglingsalter des Kindes eine wichtige Rolle spielen und spielen sie auch, aber wie und wie sehr einzelne Väter ihre Kleinkinder beeinflussen, unterliegt beträchtlichen Schwankungen von Familie zu Familie.

Kapitel 4
Sozialisation und Soziabilität

Schon sehr früh beginnt bei Babys die Entwicklung jener Fertigkeiten, die sie zur erfolgreichen Interaktion mit anderen Menschen brauchen. Soziabilität (Geselligkeit) beginnt zu Hause, im Kontext der Familie. Rudolph Schaffer hat drei Grundschritte in der sozialen Entwicklung im frühen Kindesalter beschrieben:

„1. Das Kleinkind fühlt sich zunächst zu anderen Menschen hingezogen, was bewirkt, daß es sie unbelebten Umgebungselementen vorzieht;

2. es lernt, Menschen voneinander zu unterscheiden, so daß es seine Mutter als bekannt, Fremde als ihm unbekannt zu erkennen vermag;

3. es wird fähig zur Herstellung einer dauerhaften, emotional bedeutungsvollen Bindung an bestimmte Individuen, deren Gesellschaft es aktiv sucht und von denen es beachtet werden will, während es die Gesellschaft und Anteilnahme anderer, fremder Individuen ablehnt.“ (1)

A. Macfarlane schreibt:

Neueres Material deutet darauf hin, daß Babys ihre Eltern mit zwei Monaten von Fremden und wenig später ihre Mütter von ihren Vätern visuell unterscheiden können. Überdies können Säuglinge ihre Mütter bereits in der ersten Lebenswoche am Geruch erkennen (2).

Den nächsten Markstein bildet die Entwicklung einer Vorliebe für eine kleine Zahl von Personen. Oft als „Bindung“ bezeichnet, tritt dieser besondere Wunsch, bestimmten Menschen nahe zu sein und ihr Weggehen zu verhindern, gewöhnlich im Alter von ungefähr sieben oder acht Monaten auf. Traditionelle Theoretiker der sozialen Entwicklung, Freud und Bowlby eingeschlossen, hielten Väter für weniger wichtige Bindungsfiguren als Mütter. Sie betrachteten Mütter als die primären Bindungsobjekte, und es galt als sehr zweifelhaft, ob Kleinkinder anfangs überhaupt zu Bindungen an mehr als eine

Person imstande seien. Forscher haben sich in den letzten Jahren sehr für die Frage interessiert, ob das Baby eine Bindung an seinen Vater herstellen kann, und ihre Erkenntnisse widersprechen der herkömmlichen Ansicht.

Mitte der sechziger Jahre veröffentlichten Rudolph Schaffer und Peggy Emerson einen Bericht mit dem Titel „The Development of Social Attachments in Infancy", in dem sie die Freud-Bowlby-Tradition in Zweifel zogen (3). In ihrer Studie über sechs bis achtzehn Monate alte Kleinkinder in Schottland maßen Schaffer und Emerson die Bindung des Säuglings daran, wieviel Protest er bei der Trennung von einem vertrauten Erwachsenen anmeldete. Sie fragten Mütter, ob ihre Säuglinge schrien oder quengelten, wenn sie in ihrem Bettchen oder vor einem Laden in ihrem Babywagen oder in einem Raum allein gelassen wurden. Junge Säuglinge protestierten im allgemeinen mehr, wenn die Mutter, weniger, wenn der Vater sie verließ, doch war diese Tendenz nur von kurzer Dauer. Mit achtzehn Monaten protestierten die meisten Kleinkinder gegen das Weggehen des Vaters ebenso wie gegen das der Mutter. Freud hatte die Bedeutung des Fütterungskontextes für das Entstehen von Bindung betont. Schaffer und Emerson aber fanden heraus, daß Kleinkinder Bindungen an sehr verschiedene Menschen entwickelten, von denen viele niemals an täglichen Betreuungsvorgängen wie Füttern und Wickeln teilnahmen. Sogar hinsichtlich der Mütter war die auf das Nährgeschäft verwandte Zeitmenge nicht mit der Intensität der Bindung seitens des Kleinkindes verknüpft. Das Füttern schien zwar nicht ausschlaggebend zu sein, doch stellten Schaffer und Emerson fest, daß manche Verhaltensweisen in der Kindererziehung eng mit der Bindung des Kleinkindes verkettet waren. Soziale Stimulation – Sprechen, Berühren und Spielen – war wichtig, ebenso die Reaktionsfähigkeit des Erwachsenen in bezug auf das Verhalten des Kleinkindes. Der Erwachsene, der rasch und zuverlässig reagierte, wenn das Kleinkind lächelte oder schrie, wurde weniger aufmerksamen Erwachsenen vorgezogen. Väter sind potentiell natürlich genauso wie Mütter imstande, Babys zu stimulieren und auf ihre Signale einzugehen, und daher können Väter viel Wichtiges zur frühen sozialen Entwicklung beisteuern.

Frank Pedersen und Kenneth Robson benutzten in den Vereinigten Staaten einen anderen Ansatz, kamen aber zu einer ähnlichen

Schlußfolgerung (4). Sie fragten Mütter einfach, wie ihre Kleinkinder reagierten, wenn der Vater von der Arbeit heimkehrte. Die warme und freundliche Begrüßung, mit der die meisten acht Monate alten Babys ihre Väter empfingen, wurde als weiterer Beweis für eine Kleinkind-Vater-Bindung gewertet.

Verbale Berichte sind freilich oft unzuverlässig. Später beobachteten Forscher Babys und Väter direkt im Versuchsraum oder daheim. Diese Beobachtungen bieten bessere Möglichkeiten, Bindungen zwischen Kleinkind und Vater festzustellen sowie Vater und Mutter als Bindungsfiguren ihrer jungen Babys miteinander zu vergleichen. Milton Kotelchuck ist der Lösung dieses Puzzles ein wichtiges Stück nähergekommen (5). In einem Labor-Spielzimmer verglich er die Reaktionen von Kleinkindern auf Anwesenheit, Weggang und Wiederkehr der Mutter, des Vaters und einer fremden Person. Kotelchuck maß verschiedene Verhaltensweisen des Babys wie Spielen, Schreien, Berühren, Reden, Lächeln und außerdem, wie nahe das Baby bei einer Person oder an der Tür blieb. Betrachten wir einen wohlbekannten Indikator – das Schreien, wenn ein Erwachsener sich entfernt. Einjährige und ältere Kleinkinder neigten zum Schreien, wenn die Mutter oder der Vater wegging. Der Unterschied zwischen ihren Reaktionen auf das Verschwinden der Mutter und auf das des Vaters war sehr gering, was darauf hindeutet, daß die zwölf Monate alten Babys Bindungen an Mutter *und* Vater entwickelt hatten. Das Schreien nahm niemals zu, wenn die fremde Person wegging; die älteren Babys schrien sogar weniger, nachdem sie sich entfernt hatte. Andere Meßwerte ergeben ein ähnliches Bild. Die Kleinkinder blieben dicht bei der Tür, wenn die Mutter oder der Vater wegging, und faßten sowohl die Mutter als auch den Vater an, wenn sie wieder ins Zimmer kamen. Wenn die fremde Person verschwand und zurückkehrte, war keine dieser Reaktionen zu beobachten.

Zeigen Kleinkinder ihre Bindung an Vater und Mutter im entspannteren, vertrauteren häuslichen Milieu? Michael Lamb gibt uns mit seinen Beobachtungen sieben bis dreizehn Monate alter Kleinkinder eine Antwort (6). Wenn man ihnen daheim zuschaute, reagierten Kleinkinder auf üblicherweise vorkommende Trennungen von ihren Vätern genauso wie auf Trennungen von ihren Müttern. Auch verrieten sie keine deutlichen Vorlieben für den einen oder den anderen El-

ternteil. Mit Verhaltensweisen wie Berühren, aufgeregtem Benehmen, Gehaltenwerden- und Naheseinwollen wurden Väter und Mütter von den Babys etwa im gleichen Maße bedacht.
Einige Laborstudien deuten darauf hin, daß Kleinkinder lieber nahe bei ihren Müttern als bei ihren Vätern bleiben, wenn beide Eltern verfügbar sind. Wie lassen sich diese Befunde mit der früheren Behauptung vereinbaren, daß Kleinkinder keine Mutter- bzw. Vater-Präferenz zeigen? Die Antwort liegt in dem Rahmen beschlossen, in dem die Beobachtungen gemacht werden. Handelt es sich um eine entspannte oder vertraute Situation, so genügt als Bindungsfigur der eine oder der andere Elternteil. Doch wie bereits angemerkt, scheinen Mütter und Väter verschiedene Rollen zu spielen. Mütter sind öfter die primäre Betreuungsperson, und wenn Babys Hunger verspüren, sich naß gemacht haben, müde oder krank sind, werden sie sich wahrscheinlich eher an die Mutter wenden als an den Vater. Es ist mithin kein Wunder, daß Kleinkinder in Streß- oder anderweitig unerfreulichen Situationen bei ihren Müttern Trost suchen. Der Vater ist mehr derjenige, mit dem man spielen möchte. Dieses komplexere Bild ist einleuchtender. Mutter und Vater sind wichtige Bindungsobjekte für ihre Kleinkinder, aber die Umstände, unter denen sich das Kind für Mama oder Papa entscheidet, können eben verschieden sein.

Individuelle Unterschiede in der väterlichen Fürsorge

Jeder von uns kennt Männer, die sich mit ihren Kleinkindern sehr intensiv beschäftigen, und andere, die abseits stehen, Distanz wahren und die Interaktion mit dem Kind überwiegend ihren Frauen überlassen. Betrachten wir einmal zwei höchst gegensätzliche Väter. Warren und Betty K. sitzen im Wohnzimmer ihres Apartments. Roger, ihr acht Monate alter Sohn, erwacht aus dem Schlaf, regt sich und beginnt zu schreien. Warren ignoriert das und steckt die Nase noch tiefer in die Zeitung. Betty geht hinaus und kommt wenig später mit dem besänftigten Roger zurück, der seinen Kopf still an ihre Schulter schmiegt. Warren blickt auf, nickt kurz und widmet sich wieder den Sportberichten im Blatt.

Jim P. wiegt seine vier Monate alte Tochter Judy in den Armen. Er streichelt ihr sanft die Wange, damit sie weiter brav ihre Milch aus der Flasche trinkt, die er ihr gibt. Kurz darauf singt er Judy leise etwas vor, legt sie in ihr Bettchen und deckt sie gut zu. Seine Frau ist an diesem Abend zu einem Kurs an der Universität gegangen. Jim P. betreut sein Töchterchen auf diese Weise an drei Abenden in der Woche und genießt die Zeit, die er mit der Kleinen allein ist.
Wirken sich die verschiedenen Interaktionsmuster, die Warren K. und Jim P. zeigen, auf ihre Babys verschieden aus? Ziehen wir noch einmal die Untersuchungen über die Reaktionen von Kindern zu Rate, die mit einer fremden Person allein gelassen werden. Kotelchuck hat Eltern nicht nur im Spielzimmer beobachtet, sondern auch eingehend darüber befragt, wieviel Zeit sie mit ihren Babys verbrachten und was sie mit ihnen zusammen so alles anfingen. Die Kleinkinder, die im Versuchsraum am wenigsten mit ihren Vätern interagierten, hatten Väter, die sich an der täglichen Betreuung auch daheim am wenigsten beteiligten, und die Kleinkinder, die mit ihren Vätern im Versuchsraum am meisten interagierten, hatten Väter, die sich an der Betreuung daheim sehr stark beteiligten. Es bestand eine positive Beziehung zwischen dem Niveau der väterlichen Betreuung und der Zeit, die das Kleinkind im Versuchsraum nahe bei seinem Vater verbrachte. In einer Studie dieser Reihe ermittelte der Forscher sogar eine positive Beziehung zwischen a) wie nahe das Kleinkind bei seinem Vater blieb und b) wie oft der Vater es pro Woche wickelte.
Es kommt nicht nur auf die Beteiligung des Vaters an der Betreuung des Kleinkindes an. Wie Pedersen und Robson feststellten, war neben der Häufigkeit der väterlichen Betreuung auch die Intensität der Spielinteraktion zwischen Vater und Kleinkind für das Entstehen der Kleinkind-Vater-Bindung wichtig. Vergessen wir nicht, daß diese Forscher die Bindung danach beurteilten, was die Mutter darüber aussagte, wie das Kleinkind den Vater begrüßte, der von der Arbeit heimkehrte. Aber diese Faktoren bezogen sich nur auf das Bindungsniveau bei Knaben; zwischen dem Verhalten des Vaters und der Bindung zwischen weiblichen Babys und ihren Vätern gab es keine klare Beziehung. Dieser geschlechtsspezifische Unterschied ist kein isolierter Befund. Auch andere Forscher berichten, daß Knaben, besonders im zweiten Jahr, den Vater der Mutter vorziehen.

Hier ist indes Vorsicht geboten. Ich habe diese Muster zwar so erörtert, als ob sie darauf hindeuteten, daß stärker engagierte Väter ihre Kinder dazu *veranlassen,* sich ihnen zuzuwenden, doch ist auch die umgekehrte Auslegung nicht von der Hand zu weisen. Vielleicht sind manche Kleinkinder anziehender, interessanter oder finden mehr Anklang. Babys unterscheiden sich voneinander in zahlreichen Beziehungen, die beeinflussen können, wie intensiv sich ihre Eltern – Väter wie Mütter – um sie kümmern. In meinen eigenen Forschungen habe ich festgestellt, daß Väter attraktive Babys schon in der Neugeborenenperiode anders behandeln als unattraktive Babys (7). Väter stimulieren hübsche Babys mehr als weniger anziehende; sie berühren, küssen und bewegen sehr attraktive Babys häufiger. Unterschiede im Temperament des Babys könnten eine bedeutende Wirkung auf die keimende Beziehung zwischen Vater und Kleinkind haben. Wenn ein Baby in den ersten paar Monaten quengelig, reizbar und abweisend ist, vergeht dem Vater vielleicht die Lust, so daß er weniger oft mit dem Baby Kontakt aufnimmt. Nach neueren Untersuchungen in Schweden und in den Vereinigten Staaten zu urteilen, reagieren Väter in der Tat auf Temperamentsunterschiede bei Babys, doch richten sich ihre Reaktionen nach dem Geschlecht des Kindes (8). Bei schwierigen männlichen Babys sind Väter offenbar mehr als bei schwierigen Mädchen dazu bereit, ihre Wechselbeziehung fortzusetzen. Eindeutig können die Charakteristika des Babys die Entwicklung seiner Beziehung zu seinem Vater beeinflussen.

Es ist da noch vieles ungeklärt. Zum Beispiel wissen wir nicht, wieviel Interaktion nötig ist, damit das Kleinkind eine Bindung an den Vater herstellen kann. Wir müssen noch viel mehr über jene Arten von Interaktionen zwischen Vätern und ihren Kleinkindern in Erfahrung bringen, denen die größte Bedeutung für die Entwicklung der Bindung des Kleinkindes an seinen Vater zukommt. Welche Rolle spielt die Mutter in der Förderung einer gesunden Beziehung zwischen Vater und Baby? Diese Fragen werden Forscher in künftigen Studien zu beantworten suchen.

Vom Elternhaus in die Außenwelt

Wenn das Kind älter wird, muß es lernen, mit Menschen außerhalb der Familie in Beziehung zu treten. Neue Erwachsene wie zum Beispiel Großeltern, Tanten und Onkel, Nachbarn, Lehrer/-innen und Ladeninhaber/-innen treten ein in die Welt des Kindes. Und es wird ja auch mit anderen Kindern bekannt. Die Entwicklung sozialer Fertigkeiten zum Zwecke erfolgreicher Interaktion mit neuen Menschen ist ein wichtiger Schritt für das Baby und das ältere Kind. Wie helfen Väter ihm, Sozialkompetenz zu erwerben? Welche Rolle spielen Väter dabei? Wirkt sich die Qualität der frühen Beziehung zwischen Vater und Kleinkind darauf aus, wie gut das Kind mit fremden Erwachsenen oder mit neuen Gefährten in seinem Alter zurechtkommen kann? Können Väter Kindern dazu verhelfen, lustig und vergnügt zu sein oder mehr Freunde zu haben?
Sehr früh schon, noch ehe das Kleinkind spezifische Bindungen an seinen Vater und seine Mutter entwickelt hat, scheint die Qualität der Beziehung zwischen Vater und Baby die sozialen Interaktionen des Babys mit anderen Erwachsenen zu beeinflussen, und dies vielleicht in besonderem Maße, wenn das Baby ein Knabe ist. Frank Pedersen und seine Mitarbeiter haben die Reaktionen von fünf Monate alten Babys auf einen freundlichen, aber fremden Erwachsenen getestet (9). Bereits in diesem Säuglingsalter machte sich der väterliche Einfluß auf die Söhne bemerkbar. Die fünf Monate alten Knaben, die mehr Kontakt zu ihren Vätern hatten, waren zu dem fremden Erwachsenen freundlicher. Sie richteten mehr Lautäußerungen an den Untersuchenden, sie zeigten mehr Bereitschaft, sich aufnehmen zu lassen, und sie hatten mehr Spaß an fröhlichem Spielen als männliche Babys mit geringem Vaterkontakt. Bei weiblichen Babys trat kein solcher Effekt in Erscheinung.
Freilich besagen diese Befunde nicht, daß Väter ihre Töchter im Kleinkindalter ignorieren oder keinen Einfluß auf die Entwicklung sozialer Fertigkeiten bei ihren Mädchen haben. Vielleicht wirken Väter auf ihre Mädchen indirekt ein, indem sie die Mutter-Tochter-Interaktion fördern; es ist auch möglich, daß der Einfluß des Vaters offenkundiger ist, wenn ihre Töchter älter sind (worauf wir später in diesem Kapitel noch zu sprechen kommen).

Auch beim heranwachsenden Kind fördern Väter weiterhin die Fähigkeit, mit Fremden und in fremden Situationen zurechtzukommen. In der schon beschriebenen Laborstudie untersuchten Kotelchuck und seine Kollegen, wie gut das ein Jahr alte Kleinkind die Lage meistert, wenn es mit einer fremden Person allein gelassen wird. Sie verglichen drei Gruppen von Kleinkindern miteinander – eine Gruppe mit sehr engagierten Vätern, eine Gruppe mit indifferenten und wenig engagierten Vätern, und eine Gruppe, deren Väter eine mittlere Position zwischen diesen beiden Extremen einnahmen. Von diesen Kleinkindern zeigten sich diejenigen mit den am wenigsten engagierten Vätern am meisten beunruhigt, diejenigen mit mittelmäßig engagierten Väter mäßig beunruhigt und diejenigen mit den am stärksten engagierten Vätern am wenigsten beunruhigt. Anscheinend können Babys, die mehr Kontakt zu ihren Vätern haben, mit fremden Situationen besser fertig werden.
In einer verwandten Studie entdeckte Kotelchuck: Je seltener Väter ihre Babys zu Hause badeten und ankleideten, desto länger schrien die Kleinkinder, wenn sie mit einer fremden Person allein gelassen wurden. Kurzum, Kinder, die von ihren Vätern aktiv betreut werden, sind dem Streß des Alleinseins mit einem fremden Menschen besser gewachsen. Es ist möglich, daß stärker auf Gleichberechtigung eingestellte Eltern sich die Betreuung des Kleinkindes mehr teilen und es auch mehr mit anderen Erwachsenen zusammenbringen, so daß es vor einer fremden Person wahrscheinlich weniger Angst hat. Auch gewöhnen sich Babys, deren Eltern sich die Betreuung teilen, daran, daß ein Elternteil weggeht und der andere an seine Stelle tritt. Dieses Vertrautwerden mit dem Verschwinden des einen oder anderen Elternteils könnte dazu führen, daß das Baby schon frühzeitig weniger Trennungsangst verspürt.
Wie unlängst K. Alison Clarke-Stewart gezeigt hat, beeinflussen Väter (und Mütter) noch bei zwanzig Monate alten Kindern deren Reaktionen auf ihnen unbekannte Erwachsene (10). Sie bewertete die Reaktionen von Kleinkindern auf eine freundliche, aber fremde Frau in bestimmten Interaktionen mit dem Kind. Dazu gehörten: Anschauen, Lächeln, Reden, Annähern, Spielen mit einem Spielzeug und Spielen in eher körperbetonter Weise. Hierbei ergab sich ein ganz anderes Bild als in der frühen Säuglingszeit; denn die Reaktio-

nen sowohl der Knaben als auch der Mädchen auf die Fremde waren zwar von ihren Vätern und Müttern generell, jedoch auf verschiedene Weise beeinflußt. Wenn die Mütter zärtlich und reaktionsfähig und die Väter zugänglich und gesprächig waren, reagierten die Mädchen auf fremde Personen freundlich. Andererseits waren Knaben mit einer zärtlichen und reaktionsfähigen Mutter und einem abweisenden oder gar strafenden Vater zu der Fremden besonders freundlich. Vielleicht hat, wie K. Alison Clarke-Stewart meint, der Kontrast zwischen einer zärtlichen Mutter und einem strafenden Vater bewirkt, daß die Knaben allgemein mehr auf Frauen ansprachen. Diese Befunde deuten darauf hin, daß Väter und Mütter vielleicht nicht gerade austauschbar sind, aber die soziale Entwicklung ihrer Knaben und Mädchen durch verschieden geartete Verhaltensweisen beeinflussen können.

Dies gilt nicht nur für amerikanische Kinder. In manchen Ländern haben Väter nur sehr begrenzten Kontakt mit Babys. Wirken sich diese Unterschiede in der Beteiligung des Vaters auf die Fähigkeit des Kleinkindes aus, mit Fremden zurechtzukommen? In Guatemala, wo die Betreuung durch den Vater äußerst gering ist, protestieren Kleinkinder mit neun Monaten – drei Monate eher als Kleinkinder in den Vereinigten Staaten –, wenn sie mit einer fremden Person allein gelassen werden. Auch in Uganda haben Väter mit Kleinkindern sehr wenig zu schaffen, und dort sind Babys noch früher, nämlich schon mit sechs Monaten, in Gegenwart einer fremden Person unruhig. Diese Kleinkinder verhalten sich ganz ähnlich wie die amerikanischen Kleinkinder, mit denen die Väter in der Kotelchuck-Studie am wenigsten interagierten. Dennoch ist das Niveau des väterlichen Engagements wahrscheinlich nicht der einzige Faktor, der diese interkulturellen Muster begründet; denn vermutlich variieren auch mütterliche Interaktionsmuster von Kulturkreis zu Kulturkreis.

Nach neuen, von Mary Main und Donna Weston zusammengetragenen Daten zu urteilen, verstehen wir die sozialen Reaktionen von Kindern besser, wenn wir von den Beziehungen ausgehen, die das Kleinkind zu Mutter *und* Vater entwickelt hat, d.h., wenn wir nicht nur die Mutter-Kleinkind- oder die Vater-Kleinkind-Beziehung allein betrachten (11). Mary Main und Donna Weston beobachteten Einjährige beim Erkunden fremder Milieus im Beisein der Mutter, des Vaters und der fremden Person. Manche Kleinkinder schienen sich in der unvertrauten Umgebung wohl zu fühlen, wenn entweder die Mutter oder der Vater anwesend war, wurden etwas unruhig, wenn Mutter oder Vater den Raum verließ, und waren glücklich, sobald Mutter oder Vater zurückkehrte. Eine andere Forscherin, Mary Ainsworth, hat diese Kleinkinder als „bindungsmäßig gefestigt" bezeichnet (12). Andere Kleinkinder schien es nicht zu beunruhigen, wenn ihre Eltern hinausgingen. Wenn Eltern dann wieder hereinkamen, zeigten diese Babys zudem eine Bipolarität der Gefühle (Ambivalenz), indem sie manchmal sich den Eltern näherten und manchmal wenig Interesse bekundeten oder ihre Eltern sogar zornig wegstießen. Mary Ainsworth nannte diese Kleinkinder „bindungsmäßig ungefestigt". Mary Main und Donna Weston beobachteten auch zwei andere Beziehungstypen, bei denen Babys eine gefestigte Bindung an die Mutter und eine ungefestigte an den Vater bzw. umgekehrt hatten. Schon sehr junge Kinder entwickeln oft deutlich verschiedene Beziehungen zu ihren Müttern und Vätern. Um herauszufinden, ob die Beziehungen der Kleinkinder zu ihren Eltern ihre soziale Reaktionsfähigkeit hinsichtlich anderer Menschen beeinflußten, beobachteten Mary Main und Donna Weston zudem die Reaktionen der Kleinkinder auf einen freundlichen Clown. Die Kleinkinder mit fester Bindung an beide Eltern reagierten auf den Clown aufgeschlossener als die Kleinkinder, die eine feste Bindung nur an einen Elternteil und eine ungefestigte an den anderen Elternteil hatten. Die Babys, bei denen die Bindung an beide Elternteile ungefestigt war, zeigten sich dem Clown gegenüber am ungeselligsten. Diese Resultate deuten darauf hin, daß eine weniger als optimale Beziehung zu einem Elternteil durch eine bessere Beziehung zu dem anderen Elternteil ausgeglichen werden kann – und daß es daher nicht reicht, wenn sich die Forschung nur mit Vätern befaßt. Am besten werden wir die Rolle des Vaters in der Entwicklung des Kindes verstehen, wenn wir ihn als Teil eines Familiensystems betrachten.

Väter, gleichaltrige Kinder und Beliebtheit

Es ist nicht bekannt, ob die Beziehung eines Vaters zu seinem Kleinkind oder einem älteren Kind die Fähigkeit des Kindes, Freunde zu gewinnen, beeinflußt. Everett Waters und seine Kollegen haben festgestellt, daß Kleinkinder, die eine gute Beziehung zur Mutter haben, mit einem anderen gleichaltrigen Kind besser auskommen (13). Da Väter als Spielpartner so wichtig sind, wirkt sich die Vater-Kleinkind-Beziehung höchstwahrscheinlich auf die Entwicklung der Beziehungen des Kindes zu Gleichaltrigen aus.
Untersuchungen über ältere Jungen, deren Väter abwesend sind, lassen erkennen, daß Väter in der Tat Einfluß darauf haben, inwieweit Kinder von ihren Gleichaltrigen akzeptiert werden. Lois Stolz studierte Kinder, deren frühe Kindheit in die Zeit des Zweiten Weltkrieges fiel, als viele Väter Kriegsdienst leisteten, und fand heraus: Im Alter von vier bis acht Jahren verfügten diejenigen, deren Väter im frühen Kindesalter ihrer Sprößlinge nicht daheim gewesen waren, über schlechtere Beziehungen zu Gleichaltrigen. Studien über die Söhne norwegischer Seeleute, die viele Monate lang fort sind, legen dieselbe Schlußfolgerung nahe: Die Jungen oft abwesender Väter sind weniger beliebt und haben weniger befriedigende Beziehungen in der Gleichaltrigengruppe als Jungen, deren Väter regelmäßig zu Hause verfügbar sind (14). Aber wieso? Möglicherweise haben Jungen, die ohne Vater aufwachsen, weniger Gelegenheit, das Verhalten zu erlernen, das bei anderen Jungen in unserer Kultur viel gilt. Vielleicht sind sie beispielsweise zu schüchtern und ängstlich und scheuen vor rauhen Spielen zurück – Wesenszüge, die nicht eben zur Beliebtheit eines Jungen unter seinen Gleichaltrigen beitragen mögen.

Väter und Geschlechtsrollenentwicklung

Väter bestimmen die Entwicklung der Geschlechtsrolle bei Kindern in hohem Maße mit. In Kapitel 3 haben wir schon auf die frühen Anfänge dieses Einflusses hingewiesen. Erinnern wir uns: Solange das Baby noch in der Klinik ist, behandeln zumal Väter ihre Knaben anders als ihre Mädchen, und später spielen Väter mit ihren Söhnen

auch anders als mit ihren Töchtern. Mehr als Mütter scheinen Väter eine entscheidende Rolle in der Entwicklung des Geschlechtsrollenverhaltens von Kindern zu spielen.
Wir dürfen nicht vergessen, daß die Geschlechtsrollen für Jungen und für Mädchen genau wie die für Männer und Frauen ständig im Fluß sind. Obwohl es noch Klischeevorstellungen von richtigen Verhaltensweisen für Jungen und Mädchen gibt, haben viele Erwachsene und Kinder heute weniger starre Auffassungen davon, wie Jungen und Mädchen handeln sollen. Viele Forschungsergebnisse zeigen „Unterschiede" im Verhalten auf, die von diesen Klischees abweichen, aber es sind eben bloß Unterschiede und nicht unbedingt Defizite oder Probleme. Dieses Vorbehalts eingedenk, wollen wir nun einiges aus der Literatur über Geschlechtstypisierung besprechen.
Eine der am weitesten verbreiteten Forschungsstrategien auf diesem Gebiet war die, zu untersuchen, wie Kinder sich in Elternhäusern entwickeln, wo der Vater fehlt. Wenn Vätern bei der Unterweisung von Kindern in Geschlechtsrollen eine entscheidende Bedeutung zukommt, könnten sich bei Kindern aus Elternhäusern, in denen der Vater dauernd oder öfter längere Zeit abwesend ist, Brüche in der Geschlechtstypisierung zeigen. Familien mit nur einem Elternteil sind heute nicht mehr ungewöhnlich. Die Mehrzahl der amerikanischen Kinder lebt wahrscheinlich in einem Haushalt, wo zu irgend einem Zeitpunkt in ihren Entwicklungsjahren nur ein Elternteil vorhanden ist. Wie wirkt sich diese Situation auf das Erlernen der Geschlechtsrollen durch Kinder aus? Unterschiede in der Geschlechtsrollentypisierung zwischen Kindern aus Elternhäusern mit anwesendem und Kindern aus solchen mit abwesendem Vater werden am häufigsten bei Jungen in der Pubertät festgestellt. Allerdings hängen diese Unterschiede davon ab, wie alt der Junge ist, wenn sein Vater fortgeht. Um die Bedeutung des Trennungsalters zu ermitteln, schulte Mavis Hetherington männliche Aufsichtspersonen in einem Erholungszentrum darin, das Verhalten von zwei Jungengruppen zu beobachten (15). Die Jungen der einen Gruppe hatten ihren Vater im Alter von sechs Jahren oder danach verloren; die Väter der Jungen in der anderen Gruppe waren ausgeschieden, als ihre Sprößlinge noch keine fünf Jahre zählten. Die beiden Gruppen zeigten sehr unterschiedliches Verhalten. Jungen, bei denen die Trennung vom Vater in

der Zeit vor dem fünften Lebensjahr erfolgt war, erwiesen sich als abhängiger von ihren Gleichaltrigen und als weniger selbstsicher. Sie praktizierten in geringerem Maße Football, Fußball, Boxen und derlei rauhe, körperbetonte Sportarten. Statt dessen widmeten sie sich Tätigkeiten wie Lesen, Zeichnen und Puzzlelösen, bei denen es nicht auf physischen Einsatz und Wettbewerb ankommt. Wenn aber der Vater bis zum fünften Lebensjahr des Kindes verfügbar war, wirkte sich seine spätere Abwesenheit nicht so eindeutig aus. Jungen, deren Väter sich empfohlen hatten, als die Knaben sechs Jahre alt oder älter waren, verhielten sich auf diesen sportlichen Gebieten genauso wie Jungen, die mit beiden Eltern zusammen aufgewachsen waren. Beide Jungengruppen zeigten zwar akzeptable Verhaltensmuster, nur legten die Jungen abwesender Väter Verhaltensweisen an den Tag, die nicht dem Klischee „maskulin" entsprachen.

Weniger klar sind die Effekte der Abwesenheit des Vaters auf ältere Jungen. Manche Forscher finden keinen Unterschied zwischen Jungen „mit anwesendem" und Jungen „mit abwesendem" Vater. Andere erkennen bei Jungen, die von ihren Vätern getrennt sind, eine sogenannte kompensatorische Männlichkeit, ein Verhaltensmuster, nach dem der Junge bisweilen exzessive „maskuline" Bravade und bisweilen „feminines" Verhalten wie z.B. Abhängigkeit zeigt. Diese Kombination von ostentativer, großspuriger Härte und Sexualität plus Abhängigkeitsverhalten wird oft bei Delinquenten festgestellt. Das könnte sich aus der nachweislich hohen Abwesenheitsquote der Väter in Elternhäusern delinquenter Kinder erklären (16). Ein Grund dafür, daß die Wirkung der Abwesenheit des Vaters auf ältere Jungen nachläßt, ist die Fülle von anderen männlichen Vorbildern, denen Jungen begegnen, wenn sie älter werden – Lehrern, Gleichaltrigen, Geschwistern, Ersatzvätern, ja sogar Fernsehhelden. Viel Unterweisung in Männlichkeit, die ihnen die Väter schuldig bleiben, erhalten sie später von diesen anderen Modellen. Auch ein älterer Bruder kann ein solches Leitbild sein: In Familien ohne Vater treten bei Jungen, die ältere Brüder haben, mehr traditionell maskuline Verhaltensmuster zutage als bei Jungen ohne große Brüder (17). Genau wie bei Jungen kann die Abwesenheit des Vaters auch die Geschlechtstypisierung bei Mädchen spalten. Die eindrucksvollsten Belege dafür lieferte Mavis Hetherington. Sie überlegte sich, daß frühere Studien keinen Effekt aus der Abwesenheit des Vaters auf Mädchen erkennen ließen, weil in ihnen die falschen Verhaltensweisen zur falschen Zeit gemessen wurden. Nach Marion Johnsons Theorie der wechselseitigen Rollenübernahme helfen Väter Mädchen in besonders wichtiger Weise, mit Männern interagieren zu lernen. In unserer Kultur beginnt dies im allgemeinen nicht vor der Adoleszenz. Im Gegensatz zu den früheren Untersuchungen, die sich mit dem Verhalten von Mädchen in der Vorpubertät befaßten, studierte Mavis Hetherington also adoleszente Mädchen (18).

Sie verglich Mädchen, die mit beiden Eltern zusammenlebten, mit Mädchen, die ohne Vater bei ihren Müttern lebten (da die Ehe der Eltern geschieden oder der Vater verstorben war). Sie benutzte eine Anzahl traditioneller Meßwerte (z.B. Umfang ihrer „femininen" Interessen, Aktivitäten und Verhaltensweisen) sowie einige weniger traditionelle (z.B. Interaktion mit Angehörigen des männlichen Geschlechts). Ihre Feststellung: Obwohl sich die beiden Mädchengruppen in ihren Interessen, Aktivitäten und Verhaltensweisen weitgehend glichen, unterschieden sie sich etwas in ihrem Verhalten zum männlichen Geschlecht. Beide Gruppen von Mädchen aus Familien mit nur einem Elternteil (Mutter verwitwet oder geschieden) berichteten, daß ihnen in männlicher Gesellschaft bange war, doch hatten sie anscheinend verschiedene Wege gefunden, um mit dieser Angst fertig zu werden. Töchter von Witwen wirkten in männlicher Gesellschaft scheu und verlegen, ganz anders als Töchter geschiedener Mütter, die männlichen Gleichaltrigen und Männern gegenüber viel sicherer auftraten, mehr Initiative entfalteten, und auf sie mehr ansprachen als die Töchter von Witwen oder die Mädchen aus vollständigen Familien. Zum Beispiel zeigten Beobachtungen auf einer Tanzveranstaltung, daß die Töchter von Witwen bei den übrigen Mädchen blieben und sich oft hinter ihnen versteckten. Manche hielten sich sogar den größten Teil des Abends in der Damentoilette verborgen. Die Töchter von geschiedenen Frauen benahmen sich ganz anders, verbrachten mehr Zeit bei den Jungen am anderen Saalende, leiteten häufiger Begegnungen ein und forderten öfter männliche Gleichaltrige zum Tanz auf. Wie erklären wir uns diese Muster? Alle Mütter waren gleichermaßen „feminin" und verstärkten bei ihren Töchtern Verhaltensweisen, die ihrem Geschlecht gemäß sind. Es könnte sein, daß Töchter geschiedener Mütter deren gattenlose Existenz als unbefriedigend betrachteten und das Gefühl hatten, daß man sich Männer sichern muß, um glücklich zu werden. Es könnte auch sein, daß das Leben mit einer unzufriedenen, ängstlichen Mutter, auch wenn sie ihre Tochter liebt, schwierig ist, und die Töchter daher ungeduldiger von zu Hause fortstrebten als die Töchter relativ zufriedener und weniger besorgter Witwen, die von der erweiterten Familie unterstützt werden.

Demgegenüber mögen Töchter von Witwen mit ihrem idealisierten Vaterbild geglaubt haben, daß nur wenige Männer einen Vergleich mit dem Vater aushalten würden, oder sie waren vielleicht der Meinung, alle Männer seien höhere Wesen, denen sie sich zu unterwerfen hätten und die es zu fürchten gelte. Man könnte auch spekulieren, daß sie sich nach dem plötzlichen Verlust des Vaters nicht wieder auf ein intensives emotionales Engagement mit einem männlichen Wesen einlassen wollten.

Kinder abwesender Väter zu studieren ist nicht die einzige – und vielleicht auch nicht die beste – Möglichkeit, die Wirkung des Vaters auf die Geschlechtstypisierung von Kindern zu untersuchen. Da sich Familien ohne Väter in vieler Hinsicht von intakten Kernfamilien unterscheiden können, läßt sich oft schwer sagen, ob der Unterschied zwischen Kindern aus diesen beiden Familientypen ausschließlich auf die Abwesenheit des Vaters zurückgeht. Pedersen hat dieses Problem wie folgt zusammengefaßt:

> Wenn Kinder in einem Haushalt mit nur einem Elternteil aufwachsen, dem die Mutter vorsteht, können sie beeinflußt werden von: der veränderten Familienstruktur und den resultierenden Unterschieden im mütterlichen Rollenverhalten; der geminderten oder veränderten Qualität der Interaktion des Kindes mit einem männlichen Erwachsenen; der proportional größeren Interaktion mit der Mutter; der Gegenwart von Ersatz-Betreuern im Zusammenhang mit der Berufstätigkeit der Mutter oder von einem qualitativ anderen Verhalten der Mutter gegenüber dem Kind aufgrund der gefühlsmäßigen Bedeutung, die die Abwesenheit des Vaters für sie hat. Es gibt noch viele andere Faktoren, die ebenfalls einzeln oder gemeinsam miteinander wirksam werden können und es absolut unmöglich machen, die „wahren" Ursachen in der Entwicklung des Kindes genau zu beschreiben (19).

Dieser Probleme wegen untersuchen Forscher die Rolle des Vaters in der Geschlechtstypisierung auf andere Weise, zum Beispiel, indem

sie den Einfluß des Vaters in intakten Familien studieren, besonders die Wirkung von Unterschieden in der Interaktion einzelner Väter mit ihren Jungen und Mädchen. Sind Väter warmherzig, hilfsbereit oder feindselig? Ermutigen sie die Kinder dazu, sie als Rollenvorbilder zu benutzen? Elterliche Warmherzigkeit und Fürsorglichkeit sind besonders wichtig für das Geschlechtstypisieren; wie mehrere Forscher im Laufe der letzten zwanzig Jahre herausgefunden haben, wird das Erlernen von geschlechtsspezifischen Verhaltensweisen, die traditionell als knaben- und mädchenhaft gelten, intensiviert, wenn der gleichgeschlechtliche Elternteil warmherzig und hilfsbereit ist. Doch während Warmherzigkeit der Mutter und des Vaters bei Mädchen die Weiblichkeit erhöht, ist Warmherzigkeit des Vaters, jedoch nicht die der Mutter, mit starker Maskulinität bei Jungen verknüpft, sagt Mavis Hetherington. Natürlich hat auch die Beziehung zwischen Mutter und Vater Bedeutung. Besonders das Geschlechtstypisieren von Jungen wird davon mitgeprägt, ob bei der Entscheidungsfindung in der Familie die Mutter oder der Vater der mächtigere Teil ist. In Familien, in denen generell Mütter Entscheidungen treffen, Väter indessen passiver sind, ist es weniger wahrscheinlich, daß Jungen sich ihre Väter zum Rollenvorbild nehmen. Demzufolge treten bei ihnen traditionell definierte maskuline Verhaltensweisen in geringerem Maße auf. Jungen, die in das Männlichkeitsklischee passen, haben Väter, die entschieden und dominierend Grenzen setzen und beim Disziplinieren ihrer Söhne eine aktive Rolle spielen. Diese Unterschiede in der elterlichen Gewaltenteilung scheinen sich auf die Entwicklung traditionell definierter femininer Charakteristika bei Mädchen nicht auszuwirken (20).
Väter beeinflussen auch die Geschlechtstypisierung ihrer Töchter, jedoch in anderer Weise als bei ihren Söhnen. Weiblichkeit der Töchter hängt zusammen mit Männlichkeit des Vaters, damit, daß er die Mutter als Vorbild seiner Tochter billigt, und damit, daß er seine Tochter zur Teilnahme an weiblichen Aktivitäten ermuntert. Und der Einfluß des Vaters endet nicht in der frühen Kindheit. Noch in der Adoleszenz und im Erwachsenenalter werden die Beziehungen der Töchter zu Angehörigen des männlichen Geschlechts mehr durch ihre früheren Beziehungen zu ihren Vätern als durch ihre Beziehungen zu ihren Müttern geformt. Reserviertheit oder Feindseligkeit von

Vätern stand im Zusammenhang mit Problemen von Frauen beim Anknüpfen dauerhafter heterosexueller Beziehungen (21).
Neuerdings arbeiten Forscher mehr mit dem direkten Beobachten von Interaktionen zwischen Vätern und Kindern. Eine Strategie besteht darin, Situationen zu schaffen, in denen die Reaktionen von Vätern auf die Geschlechtsrollenwahl von Kindern beobachtet werden können. Mit diesem Ansatz hat Judith Langlois kürzlich herausgefunden, daß Väter Geschlechtsrollennormen sogar in Spielsituationen forcieren. Nicht nur, daß Väter für Jungen und Mädchen verschiedenartiges Spielzeug aussuchen – sie fördern Spiele, die nach ihrer Meinung dem Geschlecht des Kindes gemäß sind, und mißbilligen in diesem Sinne „unpassende" Spiele. Nach Judith Langlois trifft dies mehr auf Väter als auf Mütter zu (22). Sie beobachtete drei- und fünfjährige Jungen und Mädchen mit ihren Vätern in einem Labor-Spielraum beim Umgang mit sorgfältig ausgesuchten Spielsachen, die nach traditionellem Verständnis als knaben- oder als mädchengemäß galten. Die Reaktionen der Väter auf das Spielen ihrer Kinder wurden aufgezeichnet a) wenn dem Geschlecht entsprechende Spielsachen verfügbar und b) wenn nur dem Geschlecht nicht entsprechende Spielsachen vorhanden waren. Reagieren Väter auf das Spielen ihrer Söhne mit Spielzeugsoldaten und Autos anders als auf deren Spielen mit Kochgeschirr und Puppenmöbeln? Und zeigen Väter das gleiche Verhalten, wenn ihre Tochter Cowboy spielt, wie dann, wenn sie Krankenschwester spielt? In dieser Studie reagierten Väter sehr verschieden, je nachdem, ob das Spielzeug in traditioneller Sicht der Geschlechtsrolle gemäß war oder nicht. Sie belohnten ihre Kinder – durch Zustimmung, Beistand und Mitspielen – häufiger für Spielen mit dem Geschlecht entsprechendem Spielzeug als für Spielen mit „unpassendem" Spielzeug. Allgemein zeigten sich Väter zudem ihren Mädchen gegenüber duldsamer als ihren Jungen gegenüber und bestraften ihre Jungen mehr als ihre Mädchen. Jungen, die mit den „femininen" Sachen (Puppenmöbeln, Kochgeschirr) spielten, wurden von ihren Vätern am wenigsten belohnt.
In einer ähnlichen Studie untersuchte Judith Langlois, welche Rolle Mütter und Gleichaltrige als Geschlechtsrollenlehrer von Kindern spielen. Wie in der früheren Untersuchung beobachtete sie die Reaktionen von Müttern und Gleichaltrigen der Kinder auf das Spielen

von Kindern mit geschlechtstypischem Spielzeug in einem Labor-Spielzimmer. Mütter und Gleichaltrige verhielten sich da sehr verschieden sowie ganz anders als die Väter in der früheren Studie. Mütter ermunterten sowohl Jungen als auch Mädchen zum Spielen mit traditionell als mädchengemäß geltendem Spielzeug. Zugleich neigten Mütter dazu, ihre Jungen und ihre Mädchen zu bestrafen, wenn sie mit „maskulinen" Spielsachen spielten. Gleichaltrige – die im allgemeinen weniger belohnten als Mütter – reagierten weitgehend wie die Väter: Sie ermunterten sowohl Jungen als auch Mädchen zum Spielen mit dem ihrem Geschlecht entsprechenden Spielzeug und bestraften aktiv (besonders die Jungen) für Spielen mit Spielzeug, das dem anderen Geschlecht zugeordnet wurde. Wenn Jungen mit Puppen spielten, unterbrachen ihre Gleichaltrigen sie dabei oft, indem sie Schläge austeilten und spotteten. Nach Judith Langlois' Befunden lernen Kinder wohl nicht nur von Vätern, sondern von verschiedenen sozial Handelnden, welches Verhalten von Angehörigen ihres Geschlechts erwartet wird. Aber die Befunde unterstreichen auch die stärker differenzierende Rolle, die Väter im Gegensatz zu Müttern beim Geschlechtstypisieren spielen.

Väter können zum Erlernen von Geschlechtsrollen bei ihren Kindern auch durch ihre Einstellung zur persönlichen Privatsphäre des Kindes beitragen. Douglas Sawin und ich haben herausgefunden, daß Väter die Privatsphäre ihrer Töchter mehr respektieren als die ihrer Söhne; Väter von Töchtern neigen, zumal wenn ihre Mädchen in die Phase der Nachpubertät kommen, mehr dazu, erst anzuklopfen, bevor sie das Schlafzimmer ihrer Tochter betreten. Mütter dagegen klopfen weniger an als Väter und machen, was das Anklopfen betrifft, anscheinend keinen großen Unterschied zwischen dem Schlafzimmer eines Sohnes und dem einer Tochter (23). Auch hier unterscheiden Väter zwischen Jungen und Mädchen mehr als Mütter.

Väter beeinflussen also den Prozeß des Geschlechtstypisierens auf unendlich vielfältige Arten – durch ihre Persönlichkeit, ihre Funktion als Rollenvorbilder und in den täglichen Interaktionen mit ihren Kindern. Sie haben eine noch bemerkenswertere Wirkung als Mütter auf die Entwicklung des geschlechtstypischen Verhaltens bei ihren Jungen und Mädchen. Familien weichen in ihrer Organisation, ihren Wertvorstellungen und ihren Zielen für ihre Kinder enorm voneinander ab, und die einzelnen Merkmale, die sich bei Söhnen und Töchtern zeigen, sind letzten Endes von allen dieses Faktoren bestimmt. Wie sich unser Begriff von jungen- und mädchenhaftem Verhalten wandelt, so kann sich auch die Rolle des Vaters in diesem Prozeß wandeln. Welche Rolle er in der Zukunft auch immer spielen mag, wenn die Vergangenheit eine verläßliche Richtschnur ist, wird es wahrscheinlich eine größere sein.

Kapitel 5
Geistige Entwicklung

Was bestimmt die Intelligenz eines Menschen? Diese Frage wird seit Jahren debattiert, und nichts deutet darauf hin, daß der Meinungsstreit nachläßt. Die meisten Fachleute erkennen den Beitrag der Genetik zur Intelligenz an, betonen aber die Bedeutung verschiedener Umwelteinflüsse für die geistige Entwicklung von Kindern. Wie tragen Väter – als einer der Faktoren, die die Intelligenz des Kindes formen – zur intellektuellen Entfaltung ihrer Kinder bei? Väter können Einfluß darauf haben, wie gut ihre Kinder in der Schule vorankommen, welche Fächer sie bevorzugen, und sogar, welche Berufe sie wählen. Ob ein Kind gern liest, Mathematik aber haßt, ob es lieber Physiker oder Ingenieur werden möchte als Buchkritiker oder Historiker – bei alldem spielen zweifellos Einstellungen, Verhalten und Hilfen des Vaters eine Rolle.

Frühe Einflüsse

Sowohl Väter als auch Mütter können die geistige Entwicklung ihrer Kleinkinder lenken. Wichtig ist in diesem Zusammenhang zum Beispiel die direkte Stimulation – durch Berühren, Sprechen und Spielen. Zahlreiche Studien haben gezeigt, daß Babys soziale Stimulation brauchen, wenn sie angemessene kognitive Fortschritte erzielen sollen. Die große Bedeutung der Stimulation läßt sich an klassischen Studien über Kinder ablesen, die in Findel- oder Waisenhäusern aufwuchsen. Oft wurden Babys aus Gründen der Hygiene in abgeschlossenen Schlafräumen gehalten. Kontakte – kurze, flüchtige – mit Erwachsenen hatten sie nur, wenn sie gewaschen oder gefüttert wurden. Diese reizarme Frühumgebung wirkte sich auf die geistige Entwicklung des Babys verheerend aus: Viele blieben geistig stark zurück. Selbst in einer normalen häuslichen Umwelt können Unterschiede in der Art und Menge der Stimulation die intellektuelle Entfaltung eines Kleinkindes beeinflussen. Leon Yarrow, Judy Rubinstein und Frank Pedersen fanden zwischen der Menge und Mannigfaltigkeit der sozialen Stimulation (schaukeln, sprechen, schauen, berühren), die fünf Monate alten Babys zuteil wurde, und dem Niveau ihres psychischen Leistungsvermögens einen positiven Zusammenhang. Zudem erwies sich, wie ich schon anmerkte, als wir die Entwicklung der sozialen Reaktionsfähigkeit von Babys erörterten, das Wann des Sprechens, Berührens und anderer Stimulation als wichtig. Die Eltern der geistig fortgeschrittenen Babys stimulierten ihre Kleinen *in Beantwortung* eines Baby-Signals wie Lächeln oder Schreien. Stimulation durch Erwachsene ist am effektivsten, wenn sie nicht zufällig erfolgt, sondern bedingt durch oder als Reaktion auf das Verhalten des Kleinkindes. Yarrow und seine Kollegen schrieben:

> Wahrscheinlich verstärkt die Reaktion auf das Schreien eines Babys mehr als nur das Schreien. Sie verstärkt die aktive Auseinandersetzung mit der Umwelt, das Ausgreifen, um Rückmeldungen von Menschen und Dingen zu bekommen. Überdies mag ein Kleinkind, auf dessen Schreie ein Elternteil rasch anspricht, mit der Zeit das Gefühl gewinnen, daß es durch seine eigenen Handlungen eine Wirkung auf andere Menschen und auf seine Umwelt ausüben kann (1).

Aus diesen frühen Austauschvorgängen zwischen Baby und Eltern lernt das Kleinkind etwas Wichtiges: „Ich vermag andere Menschen durch mein Handeln zu beeinflussen."

Wie in Kapitel 3 angemerkt, kann sich bei Kleinkindern sehr früh im Leben eine allgemeine Vorstellung davon bilden, ob sie auf Menschen und Ereignisse in ihrer Umwelt Wirkung ausüben können oder nicht. Dieser Glaube ist nicht nur im Säuglingsalter bedeutsam, sondern bleibt die ganze Kindheit hindurch eine wichtige Determinante kognitiven und sozialen Fortschrittes von Kindern. Wenn sie zum Beispiel glauben, daß ihr Erfolg im Buchstabieren oder in Mathematik auf ihre eigenen Bemühungen zurückzuführen sei, nicht aber auf Glück oder einen anderen externen Faktor, etwa einen schwierigen Lehrer, erreichen sie oft mehr und halten trotz Fehlschlägen länger durch (2). Es könnte sein, daß diesen späteren Unterschieden frühe Ereignisse im Säuglingsalter vorausgingen. Außerdem illustrieren diese Befunde, daß die kognitive Entwicklung von Kindern eine

Zweibahnstraße ist: Durch ihre Verhaltensweisen beeinflussen Babys und Kinder die Verhaltensweisen ihrer Eltern, und ebenso beeinflussen die Eltern sie.

Eindeutig vermitteln Väter ihren Kleinkindern Erfahrungen, die die kognitive Entfaltung fördern, und ihre Wirkung setzt in einem viel früheren Alter ein, als man bis vor kurzem vermutet hat. Nach Pedersen, Rubinstein und Yarrow beginnt dieser Einfluß im fünften bis sechsten Monat. Um zu demonstrieren, daß das, was der Vater zur Entwicklung beiträgt, dem kognitiven Prozeß beim Kleinkind nützt, kann man Kleinkinder, deren Väter bei ihnen daheim leben, mit Kleinkindern vergleichen, deren Väter abwesend sind. Einen solchen Vergleich führten Pedersen und seine Kollegen mit Hilfe der Bayley Scales of Infant Development (zur Messung des kognitiven Entwicklungsstandes des Babys) durch. Sie fanden heraus, daß männliche Babys, deren Väter abwesend waren, niedrigere Punktzahlen erreichten (3). Im Alter von fünf oder sechs Monaten messen die Bayley Scales sensomotorische Verhaltensweisen wie Greifen, Packen und Verfolgen eines Objekts, in denen Vorboten der späteren geistigen Entwicklung gesehen werden. Bei weiblichen Babys war die An- oder Abwesenheit des Vaters nach keinem dieser Maße der kognitiven Entwicklung von Belang. Ein anderer früher Hinweis auf den kognitiven Fortschritt ist die Stärke des Interesses von Babys für Dinge und Ereignisse in ihrer Umgebung. Forscher haben festgestellt, daß diese Frühform der Neugier auch mit der späteren geistigen Entwicklung zusammenhängt. Pedersen und seine Kollegen gaben den Babys ein neues, ihnen unbekanntes Spielzeug und protokollierten, wieviel Zeit sie auf das Manipulieren und Erkunden des Objekts verwandten. Die männlichen Babys, die ohne Vater aufwuchsen, brachten weniger Zeit mit dem Untersuchen des fremden Gegenstandes zu als diejenigen, deren Vater zu Hause wohnte.

Aber nicht nur die Tatsache der An- oder Abwesenheit des Vaters im Elternhaus ist für die intellektuelle Entwicklung von Knaben von Bedeutung. Es kommt auch auf die Menge der Stimulation an, die daheim lebende Väter ihren männlichen Babys und Kleinkindern bieten. Männliche Babys, die häufiger Kontakt mit ihren Vätern haben, erreichen in den kognitiven Entwicklungstests höhere Punktzahlen. Bei weiblichen Kleinkindern scheint sich – zumindest im sehr frühen

Kindesalter – weder die Abwesenheit des Vaters noch der Grad des Engagements daheim lebender Väter auf den kognitiven Fortschritt auszuwirken. Väter beeinflussen die geistige Entwicklung ihrer Töchter sehr wohl, aber erst in ihrer späteren Entwicklung.
Diese Studien über vaterlose Kinder sind oft schwierig zu interpretieren (wie in Kapitel 4 erörtert). Vielleicht gibt es in Elternhäusern ohne Väter einfach weniger Erwachsene, mit der Folge, daß die Kleinkinder insgesamt weniger intellektuelle Stimulation bekommen, weil ein Elternteil allein dem Kind unmöglich soviel Zeit zu widmen vermag, wie zwei Eltern aufbringen können. Zum Glück prüften Pedersen und seine Kollegen dies und stellten fest, daß in ihrer Studie in den vaterlosen Haushalten genauso viele Erwachsene vorhanden waren wie in den Haushalten mit dort lebenden Vätern. Der Vater, scheint es, ist nicht bloß ein Erwachsener unter anderen, sondern hat offenbar „eine qualitativ andere Wirkung als sonstige Erwachsene" (4).
Andere Forscher geben uns Anhaltspunkte in bezug auf Verhaltensweisen, durch die Väter zur kognitiven Entwicklung ihrer Kleinkinder beitragen. Wie K. Alison Clarke-Stewart meint, helfen Väter und Mütter dem Kleinkind, sich intellektuell zu entwickeln, aber sie bewirken das auf verschiedene Weise: der Vater durch seine physische Geschicklichkeit als Spielkamerad, die Mutter durch ihre sprachlichen und pädagogischen Talente (5).
K. Alison Clarke-Stewart beobachtete Kleinkinder im Alter von fünfzehn, zwanzig und dreißig Monaten. Um das „natürliche" oder spontane Verhalten zu Hause zu bewerten, führte sie eine Reihe einstündiger Beobachtungen in jedem Alter durch, und zwar, wenn die Mutter mit dem Kleinkind allein war und wenn Mutter, Vater und Kleinkind beisammen waren. Sie verfolgte elterliches Verhalten, bei dem zuvor ein Zusammenhang mit der kognitiven Entwicklung von Kleinkindern festgestellt worden war, z. B. Sprechen, Berühren und Spielen, sowie das Niveau der elterlichen Reaktionsfähigkeit. Der Grad der Empfänglichkeit eines Elternteils für soziale Verhaltensinitiativen des Kindes (ein Lächeln, ein Kuß, etwas zeigen, etwas geben) hat einen bedeutenden Einfluß auf die geistige und sprachliche Entwicklung des Kindes. Eltern sollten unter verschiedenen Spielen wählen, die sie mit ihrem Kind spielen konnten. Manche Spiele form-

ten mehr die sozialen, manche mehr die physischen Fähigkeiten des Kindes (zum Beispiel „Teegesellschaft veranstalten", dem Kind das Haar bürsten); andere Spiele waren intellektuell stimulierend (Geschichte vorlesen, Spielen mit einem Zusammensetz-Spielzeug, Bauen mit Klötzchen), wieder andere konnte das Kind allein spielen.
K. Alison Clarke-Stewart hoffte, in den Spielpräferenzen der Eltern Unterschiede entdecken und sehen zu können, ob diese Vorlieben damit in Beziehung stehen, wie sich das Kind kognitiv entwickelt. Sind manche Eltern geschicktere Spielkameraden als andere? Um das herauszufinden, bat K. Alison Clarke-Stewart die Eltern, eine Reihe bestimmter Spiele zu spielen, woran sich zeigen sollte, ob Mütter und Väter sich als Spielkameraden voneinander unterschieden. Die Spiele reichten vom Malen mit Farben und Muster-Entwerfen mit Trinkhalmen bis zum Seifenblasenpusten und dem Werfen und Rollen eines Balles. Schließlich ließ sie die Eltern angeben, in welchem Alter sie von ihrem Kind die Bewältigung bestimmter Aufgaben erwarten würden, z. B. allein nach nebenan gehen, einen Hammer benutzen, die Straße überqueren, mit Scheren spielen, ohne Hilfe ein Bad nehmen. Erziehung zur Selbständigkeit steht nach den Erkenntnissen anderer Forscher in Verbindung mit den Leistungsebenen von Kindern.
K. Alison Clarke-Stewart prüfte die intellektuelle und die Sozialkompetenz des Kindes nach den Bayley Scales of Infant Development mit sechzehn und zweiundzwanzig Monaten und benutzte auch ein damit nahe verwandtes Verfahren zur Messung der kognitiven Entwicklung, das für dreißig Monate alte Kinder zum Testabschluß geeigneter ist. Diese Testsituationen geben in Verbindung mit den natürlichen Beobachtungen eine Menge Hinweise darauf, wie Mütter und Väter die frühe intellektuelle Entwicklung ihrer Kinder beeinflussen. Das wichtigste Ergebnis war, daß Mütter und Väter auf verschiedene Weise zum kognitiven Fortschritt ihrer Kleinkinder beitrugen.
Eine Anzahl mütterlicher Verhaltensformen schienen die kognitive Entwicklung von Kleinkindern zu fördern. Als wirkungsvoll erwies sich zum Beispiel das Stimulieren ihrer Kleinkinder durch Sprechen sowie durch Zeigen und Vorführen von Spielzeug. Andere Formen waren das Ausdrücken von Herzlichkeit und Zuneigung und das

Hinwirken auf beschleunigten intellektuellen Fortschritt, wofür als Maß diente, welche intellektuellen Aktivitäten (z. B. Lesen) die Mutter auswählte. Kurzum, verbale Anregung und Stimulation mittels Spielzeug in Verbindung mit Zuneigung sind anscheinend die wichtigsten Beiträge der Mütter zur Entwicklung kognitiver Fertigkeiten bei ihren Kleinkindern. In früheren Arbeiten hatte K. Alison Clarke-Stewart einen Zusammenhang zwischen eben dieser Gruppe von mütterlichen Verhaltensweisen und der sprachlichen und kognitiven Entwicklung des Kleinkindes festgestellt. Sie bezeichnete dieses Muster als „optimale mütterliche Betreuung".

Optimale väterliche Betreuung jedoch scheint anders gelagert zu sein; Väter beeinflußten den kognitiven Fortschritt ihrer Kinder in anderer Weise. Die Geschicklichkeit des Vaters als Spielkamerad ließ wichtige Schlüsse auf die kognitive Entwicklung der Kinder zu. Väter, die sich gut auf das Versteckspiel, auf Ballwerfen und Hüpfenlassen verstanden, hatten kognitiv fortgeschrittenere Kinder als jene Väter, die das Interesse ihrer Kinder an ihren Spielen nicht wachhalten konnten. Einen weiteren Beitrag leistete der Vater durch seine Erwartungshaltung hinsichtlich der Selbständigkeit des Kindes. Der Zeitpunkt, zu welchem ein Vater von seinem Kinde erwartete, mit einer Schere umgehen oder allein ein Bad nehmen zu können, stand eindeutig in Beziehung zur kognitiven Entwicklung des Kindes.

Wir sahen bereits, daß Väter die kognitive Entwicklung junger männlicher Babys, aber nicht die junger weiblicher Babys beeinflußten. Bei älteren Babys und Kindern indessen stellte K. Alison Clarke-Stewart fest, daß Jungen und Mädchen sowohl von Vätern als auch von Müttern beeinflußt werden. Allerdings lenken Väter und Mütter ihre Söhne und Töchter auf verschiedene Weise. Die Geschicklichkeit eines Vaters als Spielkamerad, besonders bei physisch stimulierendem Spiel, steht mit der geistigen Entwicklung von Jungen mehr in Verbindung als mit der von Mädchen. Im Gegensatz dazu förderten Väter den kognitiven Fortschritt ihrer Töchter durch verbale Stimulation wie Sprechen, Loben und Komplimente sowie durch Empfänglichkeit für die sozialen Initiativen ihrer Töchter. Mütter wirkten auf ihre Töchter hauptsächlich durch verbale und intellektuelle Stimulation ein, aber auf die kognitive Entwicklung ihrer Söhne vor allem durch physische Kontakte im sozialen Spielen und durch soziale

Antwortbereitschaft. Das Muster ist komplex, jedoch klar: Mütter und Väter beeinflussen Mädchen durch verbale Interaktion und Warmherzigkeit, Jungen dagegen durch physische Interaktion. Zweifellos spielen Väter und Mütter einflußreiche, wiewohl verschiedene Rollen in der Förderung der kognitiven Entwicklung ihrer Babys und Kleinkinder. Die Folgen lassen sich bei den Kindern schon sehr früh im Leben nachweisen. Es bleibt zu ergründen, welche spezifischen kognitiven Fertigkeiten am meisten von Vätern und welche am meisten von Müttern beeinflußt werden sowie, wann diese verschiedenen Effekte auftreten.

Eltern prägen ihre Kleinkinder nicht nur kraft direkter Interaktion, sondern auch dadurch, wie sie die Umwelt ihrer Kleinkinder organisieren. Zum Beispiel gestalten sie die Umwelt ihrer Kinder durch Menge, Art und Vielfalt des Spielzeugs, das sie ihnen zur Verfügung stellen. Eltern setzen aber auch Grenzen: Sie legen im Elternhaus bestimmte Bereiche fest, in denen das Kleinkind erkunden darf. Zuviel Restriktion kann die kognitive Entfaltung von Kleinkindern hemmen; volle Freiheit, ihre Umwelt visuell und physisch zu erkunden, kann ihrer geistigen Entwicklung nützen.

Der Psychologe Burton White hat sich dazu sehr deutlich geäußert:

> Der tüchtige Kindererzieher macht den Wohnbereich für das naive, gerade erst krabbelnde oder gehende Kind so sicher wie möglich und gewährt ihm dann ein Höchstmaß an Zugang zu diesem Bereich. Dies setzt sogleich den Entwicklungsprozeß in Gang, und zwar in einer Weise, die ganz natürlich zur Befriedigung und Weiterentfaltung der Neugier des Kindes führen und ihm Gelegenheit bieten wird, viel über die Welt im allgemeinen zu lernen und natürliche, nützliche Beziehungen zu Menschen anzuknüpfen. Der Kindererzieher oder die Kindererzieherin sorgt nicht nur für ein Höchstmaß an Zugang zum Wohnbereich, sondern macht zusätzlich die Küchenschränke attraktiv und zugänglich und hält dann ein paar Materialien als Reserve für Zeiten bereit, in denen das Kind sich ein bißchen langweilt (6).

Väter und Mütter untscheiden sich darin, wieviel Erkundungsfreiheit sie lassen: Väter neigen dazu, ihren Kleinkindern das Erkunden zu erlauben, während Mütter vorsichtiger sind und ihm lieber engere Grenzen setzen. Dieses Muster ist nicht auf das frühe Kindesalter beschränkt. Im Zuge ihrer Entwicklung werden Kinder von Vätern allgemein mehr als von Müttern zu selbständigem Erkundungsverhalten sowohl im Hause als auch draußen ermuntert. Besonders Knaben wird man wahrscheinlich zu Selbständigkeit und Erkunden erziehen. Knaben dürfen früher allein über die Straße gehen, mehr von zu Hause fortbleiben und einen weiteren Nachbarschaftsbereich erkunden als Mädchen. Und diese Möglichkeiten können viel ausmachen. Eine Forscherin drückte es so aus: „Die Erfahrung der Jungen in diesen selbständigen Erkundungen, die Mädchen fehlt, hat sehr wahrscheinlich erhebliche Bedeutung für die Entwicklung selbständiger Bewältigungsstile, eines Kompetenzgefühls und sogar spezifischer Fertigkeiten" (7). Wahrscheinlich werden insbesondere Väter ihren Jungen in der Entwicklung diese wichtigen Chancen bieten.

Über das frühe Kindesalter hinaus

Die Wirkung, die Väter auf die geistige Entwicklung ihrer Kinder ausüben, endet nicht mit dem frühen Kindesalter. In Studien über ältere Kinder wurden dieselben Ansätze benutzt wie in Studien über Babys: Man untersuchte die Folgen der Abwesenheit des Vaters für die Entwicklung des Kindes und beobachtete unmittelbar die Wirkung von Vätern auf die kognitive Entwicklung ihrer Kinder. Beide Ansätze haben einen klaren Befund erbracht: Genau wie im frühen Kindesalter scheinen Väter die kognitive Entwicklung auch bei älteren Jungen und Mädchen zu beeinflussen, jedoch in unterschiedlicher Weise.

Unter Abwesenheit des Vaters wird gewöhnlich verstanden, daß der Vater ständig von daheim abwesend ist, daß er nicht mehr lebt, von der Mutter geschieden ist oder die Familie im Stich gelassen hat. Aber das sind nicht die einzigen Gründe für die Abwesenheit von Vätern. Auch Väter, die noch Mitglied der Familie sind, stehen ihren Kindern infolge Arbeitszeiten, Reisen oder einfach aus Mangel an Interesse oft nicht zur Verfügung. In einer wichtigen Untersuchung demonstrierten Robert Blanchard und Henry Biller, daß die Verfügbarkeit der Väter genau wie ihre Abwesenheit die schulischen Leistungen von Kindern beeinflußt. Es wurden vier Gruppen von Jungen, die in die dritte Klasse gingen, miteinander verglichen. Alle hatten einen durchschnittlichen IQ, stammten aus Arbeiter- und Mittelschichtfamilien und standen in der gleichen Geschwisterkonstellation. Zwei Gruppen von Jungen kamen aus Elternhäusern ohne Väter: In der einen Gruppe war der Vater ausgeschieden, bevor der Junge fünf Jahre alt war, in der anderen Gruppe hatte der Vater die Familie nach dem fünften Geburtstag des Jungen verlassen. Bei den beiden anderen Gruppen waren die Familien intakt, doch widmeten die Väter der Interaktion mit ihren Söhnen unterschiedlich viel Zeit, nämlich weniger als sechs Stunden wöchentlich in der einen, über zwei Stunden täglich oder über vierzehn Stunden pro Woche in der anderen Gruppe. Von Bedeutung waren das Alter des Kindes bei der Trennung vom Vater und die Verfügbarkeit des Vaters. Die Schulversager, die das Klassenziel nicht erreichten, entstammten Elternhäusern, die der Vater verlassen hatte, bevor das Kind fünf Jahre alt war. Die Jungen mit überdurchschnittlichen schulischen Leistungen hatten Väter, die anwesend waren und ihnen weitgehend zur Verfügung standen. Die Jungen, die ihre Väter nach dem fünften Lebensjahr verloren hatten, und diejenigen, deren Väter im allgemeinen nicht verfügbar waren, blieben mit ihren Leistungen etwas unter dem Klassenniveau. Nach Biller helfen weitgehend verfügbare Väter ihren Söhnen, ihr geistiges Potential auszuschöpfen.

Weitgehend verfügbare Väter können Vorbilder für Ausdauer und Leistungsmotivation sein. Der Vater kann das Beispiel eines Mannes geben, der außerhalb der häuslichen Sphäre mit Erfolg tätig ist. Wenn sich oft Gelegenheit zum Beobachten und Nachahmen eines adäquaten Vaters bietet, trägt dies zur Entwicklung der gesamten instrumentellen und Problemlösefähigkeit des Jungen bei. Der Umstand, daß ein Junge einen kompetenten Vater hat, wird die geistige Entwicklung dieses Jungen jedoch nicht fördern, solange der Vater für ihn nicht durchweg zugänglich oder wenn die Vater-Sohn-Beziehung negativ ist (8).

Die Befunde dieser Studie sind typisch für Forschungen, in denen mit dem „Vater-abwesend"-Ansatz die Wirkung von Vätern auf die geistige Entwicklung von Kindern untersucht wird. Das Fehlen des Vaters beeinflußt nicht nur Jungen. Mädchen werden in solchen Studien zwar seltener berücksichtigt, aber wenn man sie einbezieht, zeigt sich, daß auch ihre kognitive Entwicklung unter der Abwesenheit des Vaters zu leiden scheint. In einer neueren, umfassenden Überprüfung der Effekte, die die Abwesenheit des Vaters auf die kognitive Entwicklung des Kindes hat, entdeckte Marybeth Shinn zwischen Kindern aus intakten Kernfamilien und Kindern aus vaterlosen Familien erhebliche Unterschiede in der kognitiven Leistung, ausgedrückt in Leistungstests-Scores, IQ-Scores und im Durchschnitt der erzielten Klassennoten (9).

Warum schneiden Kinder aus Elternhäusern ohne Väter in der Schule und bei IQ-Tests schlecht ab? Beachtung, Ermutigung und Stimulation wirken sich auf die kognitive Entwicklung des Kindes aus, und zwar besonders dann, wenn sie als Reaktion auf die Leistungen und die sich entfaltenden Fähigkeiten des Kindes erfolgen. Eine Erklärung für die geringeren kognitiven Fähigkeiten von Kindern aus Haushalten mit nur einem Elternteil könnte sein, daß diese Kinder weniger Aufmerksamkeit bei Erwachsenen finden und mit Erwachsenen weniger interagieren als Kinder in Familien, wo beide Eltern präsent sind. Bei geschiedenen Müttern ist es weniger wahrscheinlich, daß sie ihren Kindern zur Schlafenszeit vorlesen, die üblichen Betreuungshandlungen spielerisch ausdehnen oder auch nur mit ihren Kindern essen. Wenn in einem Haushalt mit nur einem Elternteil mehrere Kinder vorhanden sind, springen teilweise vielleicht ältere Brüder und Schwestern als Lehrer, Spielpartner und Betreuungsspersonen ein. Herbert und Gloria Leiderman haben sich mit einigen afrikanischen Kulturen beschäftigt, in denen Geschwister und andere Kinder Kleinkinder betreuen und stimulieren. Dort ist das geistige Entwicklungsniveau niedriger als in Kulturkreisen, wo Erwachsene diese Rollen spielen. Eine ähnliche Erklärung bietet Robert Zajonc dafür, warum spätgeborene Kinder in großen Familien bei kognitiven Aufgaben weniger gut abschneiden: Ihre Geschwister, nicht ihre Eltern sind ihre Lehrer (10). Es ist also zu einfach, diese Effekte ausschließlich auf das Fehlen des Vaters im Elternhaus zurückzuführen. Besser läßt sich die Wirkung von Vätern auf die geistige Entwicklung von Kindern einschätzen, wenn man Vater-Kind-Interaktionen direkt beobachtet.

Ein Beispiel für solche Beobachtungen lieferte Norma Radin mit einer Reihe von Studien über vierjährige Kinder und ihre Väter. Sie befragte den Vater daheim in Gegenwart seines vierjährigen Kindes. Systematisch wurde beobachtet und aufgezeichnet, wie der Vater auf Unterbrechungen des Interviews durch das Kind reagierte. Lobte er das Kind? Stellte er ihm Fragen? Schalt oder rügte er es? Später wurden die Kinder in einem Intelligenz- oder einem Wortschatz-Test geprüft. Dabei erzielten Jungen von Vätern, die fürsorgliches Verhalten zeigten (d. h. freundlich und hilfsbereit waren und mit Lob nicht geizten) höhere Punktzahlen als die Jungen von Vätern, die nicht fürsorglich, sondern kühl und distanziert waren. Ähnlich hing restriktives Verhalten von Vätern mit niedrigen kognitiven Punktwerten bei Jungen zusammen. Bei Mädchen fand Norma Radin nur wenige konsistente Beziehungen zwischen ihrem kognitiven Entwicklungsstand und dem Handeln ihrer Väter (11).

Väter können ihre Töchter indirekt durch ihre Frauen beeinflussen. In einer kalifornischen Untersuchung mit Kindern im Alter von einundzwanzig Monaten bis fünfzehn Jahren stellte Marjorie Honzik fest, daß Freundlichkeit des Vaters gegenüber der Mutter die geistige Entwicklung von Mädchen förderte. Vielleicht nehmen Mädchen in einer Familie, wo der Vater seine Frau unterstützt, die Mutter bereitwilliger als Rollenvorbild an; wie Norma Radin es ausdrückt, „könnte die geistige Entwicklung der Töchter dadurch angeregt werden, daß sie die Problemlösestrategien und den Denkprozeß ihrer Mutter nachzuahmen trachten“ (12).

Andere Forscher haben gezeigt, daß Väter einen direkten Einfluß auf die kognitive Entwicklung ihrer Töchter ausüben, der jedoch nicht immer positiv zu sein braucht. Väter neigen noch mehr als Mütter dazu, auf ihre Kinder mit Verhaltensweisen, die von Geschlechterklischees geprägt sind, zu reagieren und ihre Söhne zu maskulinen, ihre Töchter zu femininen Beschäftigungen zu ermuntern. Da manche Eltern – ungeachtet der Veränderungen in letzter Zeit – intellektuelle Leistung noch immer als eine männliche Domäne betrachten, könnten Väter den geistigen Fortschritt ihrer Töchter sogar hemmen, weil sie schulischen Erfolg für unweiblich halten.

Sehr deutlich wird diese Einstellung in Situationen, in denen Mutter und Vater ihrem Kind bei einer Problemlöseaufgabe oder einem komplexen Puzzle helfen, während das wachsame Auge einer Video-Kamera auf sie gerichtet ist. Aus diesen Beobachtungen geht hervor, daß Väter in stärkerem Maße als Mütter ihre Söhne und Töchter verschieden behandeln. In einer solchen Studie stellte Jeanne Block beispielsweise fest, daß insbesondere Väter ihre Töchter wahrscheinlich ganz subtil davon abhalten, Leistung zu bringen. Väter kümmerten sich weniger darum, daß die Töchter die Aufgabe lösten, sondern beschäftigten sich allem Anschein nach mehr mit zwischenmenschlichen Aspekten der Situation; sie verwandten mehr Zeit darauf, ihre Töchter zu ermuntern, zu unterstützen, mit ihnen zu scherzen und zu spielen und sie zu beschützen, statt ihnen mit nützlichen Winken anzudeuten, wie sie mit der Aufgabe besser zurechtkommen würden. Bei ihren Söhnen dagegen sahen die Väter auf die Leistung, die Ausführung. Zum Beispiel erklärten sie ihren Söhnen die Prinzipien der Aufgabe, hoben dabei jedoch mehr auf das Bewältigen der Aufgabe als auf Freude am Spiel ab. Auch legten Väter für ihre Söhne höhere Normen fest. Wenn Jungen um Beistand beim Lösen eines Problems baten, reagierten die Väter anders als auf entsprechende Bitten von Mädchen. Sie beantworteten den Jungen mehr aufgabenbezogene Fragen als den Mädchen und halfen Jungen auch mehr, wenn die Sprößlinge es verlangten. Bei Mädchen neigten sie dazu, auch ungefragt Hilfestellung zu leisten; dadurch ermutigten sie sie zu einer unangemessenen Unselbständigkeit, eine Tendenz, die in der ganzen Schulzeit vorherrscht. Daß Väter und Mütter ihre Töchter offenbar von selbständiger Leistung abschrecken, ist nicht alles; denn obendrein könnten sie, wie Jeanne Block sagt, „ihre Töchter abwerten. Eltern unterbrechen ihre Töchter mehr als ihre Söhne und geben den Mädchen damit zu verstehen, daß deren Ideen als weniger wichtig gelten, weniger Respekt verdienen" (13). Jungen empfangen von ihren Eltern, zumal von den Vätern, ganz andere Botschaften als Mädchen. Bei Jungen besagen sie: „Mach es gut!", bei Mädchen: „Amüsier dich schön". Diese Erfahrungen untergraben dann wahrscheinlich ebenso, wie wir es im frühen Kindesalter beobachteten, den Glauben der Mädchen, die Welt werde auf ihre Handlungen reagieren. Die Meinung, daß man die Welt durch seine eigenen Handlungen ändern kann, ist wichtig für die Entwicklung von Beharrlichkeit und des Gefühls, daß man die Dinge im Griff hat – und das sind wichtige Zutaten des Erfolges.

Dieselbe Lektion spiegelt sich in den Bildungs- und Berufszielen, die Eltern in bezug auf ihre Söhne und Töchter vorschweben. Beide Eltern, besonders aber Väter, finden Karriere und Berufserfolg für ihre Söhne meist viel wichtiger als für ihre Töchter. Da heißt es doch glatt:

„Darf ich Sie meinem Sohn Harald, dem Arzt, vorstellen" – dabei ist der „Herr Doktor" ganze sechs Monate alt und schläft. Selten hingegen wird man mit „Sarah, der Rechtsanwältin" oder „Janet, der Generaldirektorin" bekannt gemacht. In dieser Anekdote liegt Wahrheit, wie uns Lois Hoffman bestätigt, die 1975 über 2000 Mütter und Väter fragte: „Was für eine Art Mensch soll Ihr Sohn (Ihre Tochter) werden, wenn es nach Ihren Wünschen geht?" (14) In noch höherem Maße als Mütter zeigten Väter das „Mein-Sohn-der-Arzt"-Syndrom, maßen Väter dem künftigen Berufserfolg ihrer Söhne mehr Wert bei als dem ihrer Töchter. Aber es war Eltern nicht nur mehr an einer erfolgreichen Laufbahn ihrer Söhne gelegen. Bei Söhnen hofften doppelt soviele Eltern wie bei Töchtern, daß aus ihnen fleißige, ehrgeizige Menschen werden mögen. Die anderen Eigenschaften, die Eltern ihren Söhnen wünschten, z.B. Intelligenz, Selbstvertrauen, Verantwortungsbewußtsein und große Willenskraft, wurden alle im Hinblick auf künftige berufliche Leistung des Jungen ersehnt. Was Mädchen anbetraf, standen Arbeits- und Karriereerfolge weit weniger im Brennpunkt; sie sollten, so die Eltern, freundlich, uneigennützig, liebevoll, attraktiv und wohlerzogen sein, eine gute Ehe führen und eine gute Mutter abgeben. Diese Erwartungen haben ihre Auswirkungen auf die späteren Leistungen der Mädchen.

Da sich soziale Wertvorstellungen wandeln und mehr Frauen in die Reihe der Berufstätigen eintreten, ist es wahrscheinlich, daß sich auch die Erwartungen von Vätern in bezug auf ihre Töchter ändern und Väter von ihren Kindern unbeschadet des Geschlechts gleiche Leistungen erhoffen werden. „Wenn der Vater", so sagt Norma Radin, „eine Beziehung schafft, in der die Tochter sich an seinen intellektuellen Bemühungen und seiner Leistungsmotivation ein Beispiel nehmen und sich darin bestärkt fühlen kann, dann ist es ihm möglich, diese Attribute bei seiner Tocher auszubauen" (15). In der Tat läßt sich mit klassischen historischen Beispielen belegen, wie Väter die kognitive und intellektuelle Entwicklung ihrer Tochter fördern können. Indira Gandhi, Premierministerin Indiens, wurde sehr stark von ihrem Vater Jawaharlal Nehru beeinflußt. Ihr Biograph M. C. Rau sagt:

Indira erhielt keine konventionelle Erziehung, sondern dank einer Kombination von Umständen und der Persönlichkeit ihres Vaters eine der seltensten, die ein Mensch überhaupt bekommen kann. Nehru interessierte sich sehr intensiv für ihre Erziehung und ermunterte sie, zu lesen und selbständig zu denken. Wenn er abwesend war, führte er den Großen Dialog brieflich weiter (16).

Frau Gandhi ist kein Einzelbeispiel. Nehmen wir Margaret Mead, die in ihrer Autobiographie *Blackberry Winter* ihren Erfolg und ihre Wertbegriffe zum großen Teil auf ihren Vater zurückführt:

Er hat mir beigebracht, wie wichtig klares Denken ist... Für Frauen schickte es sich, die Güte in Person zu sein und sich rein geistigen Dingen zu widmen... Mehr noch als meine Mutter, deren Werdegang durch die Zahl ihrer Kinder und durch ihre Gesundheit Grenzen gesetzt wurden, hat mein Vater mir meinen Platz in der Welt definiert (17).

Margaret Thatcher, britische Premierministerin, erhielt in ihren frühen Jahren intensive Anregung von ihrem Vater. So war es auch bei vielen anderen Frauen, die es zu etwas gebracht haben – zum Beispiel bei der Kongreßabgeordneten Shirley Chisolm und der Opernsängerin Beverly Sills. Väter können die kognitive Entwicklung ihrer Töchter positiv beeinflussen – nur tun sie es oft einfach nicht!

Kapitel 6
Scheidung und Sorgerecht

Die Scheidung hat eine tiefgehende Wirkung auf Familien. Sie bedeutet Streß und Veränderungen für Väter, Mütter und Kinder. In den Vereinigten Staaten und in Großbritannien steigen die Ehescheidungsziffern. Die Zahl der jährlich geschiedenen Ehen hat sich in den Vereinigten Staaten von 1965 bis 1976 verdoppelt. Heute ist es wahrscheinlich, daß ungefähr die Hälfte aller neugeschlossenen Ehen mit der Scheidung endet. In Großbritannien hat sich die Rate von 1967 bis 1976 verdreifacht; dort wird mittlerweile ungefähr jede fünfte Ehe geschieden. In den Vereinigten Staaten sind bei rund 60 auf 100 Scheidungen Kinder betroffen, in Großbritannien bei fast 75. Obwohl sich in den Einstellungen zur Sorgerechtsfrage und in der Rechtslage manches ändert, wird in 90 von 100 Scheidungsfällen das Sorgerecht noch immer der Mutter übertragen. Im Jahre 1979 lebten in den Vereinigten Staaten nur 10 Prozent der Kinder geschiedener Eltern beim Vater, in Großbritannien 7 Prozent – dabei hatte sich dieser Anteil seit 1960 schon verdreifacht. Väter erhalten eher das Sorgerecht für Kinder im schulpflichtigen Alter als für jüngere Kinder. Trotzdem darf man nicht verkennen, daß geschiedene Väter die Entwicklung ihrer Kinder beeinflussen können, auch wenn sie nicht mit ihnen zusammenleben.

Oft wird die Scheidung als ein Einzelereignis oder eine Krise aufgefaßt; aber diese Sichtweise ist wohl doch etwas zu einfach. Besser, wir betrachten sie als „eine Sequenz von Erfahrungen, die eine Veränderung im Leben von Kindern mit sich bringen“ (1). In vielen Fällen geht der Trennung eine Zeit der Konflikte und Meinungsverschiedenheiten zwischen Familienmitgliedern voraus. Nach der Trennung kommt dann oft eine längere Periode der Desorganisation und Zerrissenheit, aber auch der Suche nach neuen Strategien für die veränderte Lebenssituation. Neue Tagesabläufe werden ausprobiert, häufig wird umgezogen und dabei auch das Stadtviertel gewechselt, Besuchsschemata werden festgelegt, neue Budgettaktiken sondiert.

Schließlich beginnt eine neue Phase, in der die nunmehr unvollständige Familie einen neuen, aber stabilen und organisierten Lebensstil findet. Mancherlei Faktoren – Scheidungsgrund, finanzielle Lage der Familie, Alter und Geschlecht der Kinder, Art der Trennungsregelung, besonders aber die Lösung des Sorgerechtsproblems und die Form der sozialen Unterstützung durch Verwandte, Freunde und Nachbarn – können mitbestimmen, wie rasch und wie gut Familien die Scheidung verkraften. Väter haben, obwohl ihnen im allgemeinen nicht das Sorgerecht für die gemeinsamen Kinder übertragen wird, einen signifikanten Einfluß auf den Verlauf der Scheidung.

Kinder in der Obhut der Mutter

Eine der neuesten und ehrgeizigsten Untersuchungen über Scheidungen, in denen Mütter das Sorgerecht für die Kinder hatten, stammt von Mavis Hetherington und ihren Kollegen (2). Um die Auswirkungen der Scheidung auf das Funktionieren einer Familie zu erforschen, beobachtete Mavis Hetherington zwei Jahre hindurch 96 Familien. Die Hälfte dieser Ehen war geschieden, die übrigen Familien waren intakt. Die Kinder waren bei der Scheidung annährend vier Jahre alt. Studiert wurden die Familien in drei Stadien – zwei Monate, ein Jahr und zwei Jahre nach der Scheidung. Mavis Hetherington versuchte, mehrere Fragen über Scheidungsfolgen zu beantworten: Wie ergeht es den Eltern? Wie kommen die Kinder nach der Scheidung zurecht? Hat der Vater Einfluß darauf, wie gut Mutter und Kinder die Scheidung bewältigen?
Die Scheidung kann seelische Verwirrung verursachen, doch wollen wir zuerst die praktische Seite betrachten. Das Führen eines Haushalts im Alleingang ist viel schwieriger als zusammen mit einem hilfreichen, mitverantwortlichen Ehepartner. Zu den vielen Problemen, die die Haushaltsführung dem nunmehr allein Verantwortlichen aufbürdete, kamen sowohl bei Müttern als auch bei Vätern finanzielle Schwierigkeiten hinzu. Infolge der Scheidung waren viele zum Umzug in kleinere Wohnungen in weniger angenehmen Stadtvierteln gezwungen, wobei nicht nur der Verlust von Freunden und Nachbarn zu verkraften war, sondern vielleicht auch schlechtere Schulen, mehr

Kriminalität und eine größere Gefährdung der persönlichen Sicherheit in Kauf genommen werden mußten. Darunter litten die Selbstbilder der Eltern: Geschiedene Mütter und Väter fühlten sich weniger kompetent und den täglichen Anforderungen weniger gewachsen. Dieses Problem trat im Grad der Desorganisation des Haushalts zutage. Oft gerieten Zeitpläne durcheinander, gab es Mahlzeiten nur unregelmäßig und „auf die Schnelle", aßen Mütter und Kinder seltener zusammen. Schlafenszeiten wurden nicht konsequent eingehalten, öfter als früher kamen die Kinder zu spät zur Schule. Die Mütter – die für die Kinder sorgten – waren desorganisierter als die Väter, aber auch deren Leben blieb von Wirrnis und Unordnung nicht verschont.
In einer guten Ehe stehen Mann und Frau einander bei. Der Verlust dieser emotional, sozial und oft auch wirtschaftlich wichtigen Unterstützung infolge der Scheidung kann für Mütter und Väter als Individuen zumindest auf kurze Sicht ernste Konsequenzen haben. In gefühlsmäßiger Hinsicht kamen die geschiedenen Eltern in Mavis Hetheringtons Studie nicht allzu gut zurecht; im ersten Jahr nach der Scheidung waren sie ängstlicher, deprimierter und wurden leichter ärgerlich als nicht geschiedene Eltern. Bei geschiedenen Müttern, zumal denen mit Jungen, waren die Effekte stärker und anhaltender als bei geschiedenen Vätern. Noch nach zwei Jahren fühlten sie sich weniger kompetent, waren ängstlicher und wurden leichter ärgerlich als verheiratete Mütter oder als Mütter von Mädchen.
Diese praktischen und emotionalen Probleme spiegeln sich natürlich in den Eltern-Kind-Beziehungen wider. Im ersten Jahr nach der Scheidung handhaben Mütter wie Väter die Erziehung der Kinder nicht so gut, was sich allerdings mit der Zeit deutlich bessert. Geschiedene Eltern fanden sich eher mit unreifen Verhaltensweisen ihrer Kinder ab, als Eltern in intakten Familien. Die geschiedenen Eltern erwarteten von vornherein, daß die Kinder weniger Verantwortung übernahmen, ein Faktor, der zum Haushaltswirrwarr beigetragen haben mag.
Geschiedene Mütter und geschiedene Väter wichen voneinander darin ab, wie nachsichtig und freundlich sie waren und wie restriktiv und negativ sie sich ihren Kindern gegenüber verhielten. Nun sind Unterschiede zwischen Müttern und Vätern nicht verwunderlich;

denn die Mütter hatten das Sorgerecht und daher mit den gemeinsamen Kindern in ihrer Obhut fortgesetzt zu tun, und sie trugen ja weiterhin die Verantwortung, während die Väter mit den Kindern nur begrenzt und seltener in Kontakt kamen. Geschiedene Mütter bezeigten ihren Kindern beiderlei Geschlechts, zumal aber ihren Söhnen, im allgemeinen weniger Zuneigung als verheiratete Mütter. Die geschiedenen Mütter waren aber nicht nur weniger zärtlich zu ihren Söhnen, sondern packten sie auch härter an und erteilten ihnen mehr Befehle in drohendem Ton, jedoch ohne konsequent auf der Ausführung zu bestehen. „Geschiedene Mütter bellten Kommandos wie ein General im Felde, aber weder hakten sie nach, noch reagierten sie angemessen auf das negative oder positive Verhalten ihrer Söhne." Väter hingegen verhielten sich tendenziell so, als sei alle Tage Weihnachten, und neigten zu Nachsicht und Gewährenlassen – ein Muster, das es den Müttern wahrscheinlich noch mehr erschwert hat, ihre gemeinsamen Kinder im Zaum zu halten. Das zeigte sich auch im Verhalten der Kinder, besonders der Jungen. Die Jungen aus geschiedenen Ehen gehorchten ihren Müttern nicht sondern quengelten, nörgelten und stellten Forderungen. Obendrein waren sie aggressiver als Jungen in intakten Familien. Mavis Hetherington merkt an: „Manche verzweifelten Mütter schilderten ihr Verhältnis zu ihren Kindern ein Jahr nach der Scheidung als ‚erklärten Krieg', ‚Kampf ums Überleben', ‚ die alte chinesische Wasserfolter' oder fanden es so ähnlich ‚wie wenn einen Enten totbeißen'" (3).
Offenbar ist das erste Jahr nach der Scheidung für geschiedene Eltern und ihre Kinder eine besonders schwierige Zeit; die Eltern scheinen sich mit ihren Kindern ein Jahr nach der Scheidung schwerer zu tun als zwei Monate nach der Scheidung. Nach zwei Jahren war die Situation wesentlich besser, da sich sowohl die Eltern als auch die Kinder der Lage angepaßt hatten. Väter ließen von ihrer Weihnachtsmann-Rolle ab, wurden energischer und ihren Kindern gegenüber restriktiver, während Mütter die Zügel lockerten. Doch die Jungen aus den geschiedenen Ehen waren noch nach zwei Jahren aggressiver, impulsiver und widerspenstiger gegen die Mütter als Mädchen aus geschiedenen Ehen oder als Kinder in intakten Familien. Eindeutig litten Jungen mehr als Mädchen unter der Scheidung und dem damit verbundenen Verlust des Vaters als im Hause lebenden Elternteil.

Dieser Befund unterstreicht unsere früheren Beobachtungen in bezug auf die besondere Bedeutung des Vater-Sohn-Verhältnisses.
Was zu Hause geschieht, kann das Verhalten des Kindes in der Schule genauso beeinflussen, wie häuslicher Konflikt das Arbeitsverhalten eines Elternteils im Beruf in Mitleidenschaft ziehen kann. Wie ich in Kapitel 4 sagte, scheinen sich verschiedene Sozialbeziehungen zu den Eltern im Säuglingsalter mit dem Gewinnen von Freunden in den Vorschuljahren zu verknüpfen. Negative, konfliktreiche Beziehungen zwischen Familienmitgliedern wirken oft in die Beziehungen des Kindes zu Gleichaltrigen hinein und belasten diese.
Mavis Hetherington und ihre Kollegen untersuchten die Spiel- und die sozialen Interaktionen von Kindern im Vorschulalter, die erst kürzlich die Scheidung der Eltern erlebt hatten (4). Sie stellten fest, daß die Zerrüttung, die aus einer noch nicht lange zurückliegenden Scheidung resultiert, auf das Spielen der Kinder sowie auf ihre Fähigkeit, sich mit Gleichaltrigen zu vertragen, eine wesentliche Wirkung hat. Dieser Effekt könnte später im Leben des Kindes wichtig werden: Unbefriedigende Beziehungen zu Gleichaltrigen können auf lange Sicht die soziale und emotionale Entwicklung im Jugend- und Erwachsenenalter beeinträchtigen.
Um herauszufinden, wie Kinder nach der Scheidung der Eltern spielen, beobachteten Mavis Hetherington und ihre Mitarbeiter Kinder im Klassenzimmer und auf dem Spielplatz. Wieder waren Jungen stärker beeinflußt als Mädchen. Auch zeigten sich in den Beziehungen der Kinder zu Gleichaltrigen im Laufe der Zeit markante Veränderungen. Zwei Monate nach der Scheidung entwickelten Jungen und Mädchen in ihren Spielen viel weniger Phantasie als Kinder aus intakten Familien. „Sie können sich nicht so gut von der Realität lösen. Wenn sie ein Schwert schwingen wollen, brauchen sie dafür einen Stock, und wenn sie ein Schloß benötigen, muß es durch einen Stuhl repräsentiert werden. Selten denken sie sich imaginäre Dinge oder Menschen aus. Auch von der Möglichkeit der Umkehrbarkeit machen sie im Spiel weniger Gebrauch. Ist ein Stock erst einmal ein Schwert, so wird es hernach nicht in einen Zauberstab oder ein Pferd verwandelt“ (5). Der Mangel an Phantasie im Spiel erlangt für die soziale und kognitive Entwicklung des Kindes Bedeutung. Nach Jerome Singer, einem Fachmann für Phantasie und Spielen,

kann erfinderisches Spielen als ein wichtiges Hilfsmittel betrachtet werden, kraft dessen die Kinder die kognitiven, affektiven und sozialen Anforderungen des Heranwachsens zügig bewältigen können. Es ist aber mehr als ein bloß reaktives Verhalten, denn es bietet Möglichkeiten, sich im Aufbauen neuer Ordnungsmuster zu üben sowie darin, Material umzuformen und zu speichern, das später in Plänen, Handlungen oder in der Verbalisierung wirkungsvoller zum Ausdruck kommt (6).

Aber Kinder geschiedener Eltern spielen nicht nur weniger phantasievoll, sie spielen überhaupt weniger und schauen mehr zu als Kinder aus intakten Familien.
Im Laufe der Zeit gab es markante Veränderungen im Umgang der Kinder geschiedener Eltern mit ihren Klassenkameraden. Etwa ein Jahr nach der Scheidung war bei Mädchen nur noch ein einziger Unterschied festzustellen – die Mädchen aus geschiedenen Ehen erzielten im phantasievollen Spielen nach wie vor verringerte Punktzahlen. Zwei Jahre nach der Scheidung der Eltern, als die Kinder sechs Jahre alt waren, existierte auch dieser Unterschied nicht mehr. Bei Jungen aus geschiedenen Ehen dagegen zeigten sich sogar noch nach zwei Jahren abweichende Spielmuster. Sie spielten weiterhin mehr allein und schienen weniger kooperativ, konstruktiv und phantasievoll zu spielen oder weniger mitspielbereit zu sein als Jungen aus intakten Familien. Noch immer schauten sie mehr zu, als daß sie sich am Spiel beteiligten. Aber wenn sie mit anderen Kindern spielten, dann mit jüngeren Kindern und mit Mädchen statt mit Jungen ihres eigenen Alters. Zudem machte ihnen das Spielen anscheinend weniger Spaß: Jungen aus geschiedenen Ehen waren im ersten Jahr physisch aggressiver und noch zwei Jahre nach der Scheidung ängstlicher und weniger vergnügt. Gegen Ende des zweiten Jahres waren diese Jungen körperlich wenig, verbal aber sehr aggressiv – ein Muster, das am häufigsten bei Mädchen beobachtet wird und daher rühren mochte, daß die Jungen Mädchen und jüngere Kinder als Spielkameraden wählten. Ihr aggressives Imponiergehabe war meist unreif, wirkungslos und nicht provoziert.
Kein Wunder, daß solche Jungen aus geschiedenen Ehen bei Jungen ihres Alters keinen Anklang fanden. Im ersten Jahr war es so, daß sie von Gleichaltrigen ignoriert wurden oder diese ihnen ihr unerfreuliches Verhalten mit gleicher Münze heimzahlten. Noch nach zwei Jah-

ren wurden Jungen aus geschiedenen Ehen von ihren Gleichaltrigen mehr ignoriert und waren oft isoliert. Nur wenige Jungen aus Familien mit lediglich einem Elternteil wurden von anderen Jungen als ihre besten Freunde betrachtet; beliebt waren sie nur bei jüngeren Kindern oder Mädchen. Mädchen geschiedener Eltern kommen da besser zurecht und werden von ihren Gleichaltrigen nach zwei Jahren allgemein akzeptiert. Diese Jungen aus geschiedenen Ehen tun sich im Umgang mit Gleichaltrigen ebenso schwer wie daheim mit ihren Müttern. Jungen allerdings, deren Väter zwar nicht mehr daheim leben, aber weiterhin engen persönlichen Kontakt mit ihren Kindern pflegen, scheinen sich zu Hause bei ihren Müttern und auf dem Spielplatz bei ihren Gleichaltrigen besser einzufügen. Ich werde darauf später eingehen.

Scheidung der Eltern und Entwicklungsstand der Kinder

Mavis Hetherington studierte Kinder, die bei der Scheidung der Eltern vier Jahre alt waren. Zeigen sich ähnliche Effekte wie die von ihr beobachteten auch in anderen Lebensaltern? Scheidung ist für Kinder jeglichen Alters traumatisch, aber Kinder haben in verschiedenen Entwicklungsphasen verschiedene Verständnisniveaus und verschiedene Strategien zur Bewältigung der Veränderungen im Zusammenhang mit der Scheidung. Kinder im Vorschulalter geben sich häufig selbst die Schuld an der Scheidung der Eltern: „Papa ist fort, weil ich ungezogen war, ich hab an dem Tag mein Spielzeug nicht weggeräumt." Und sie verstehen die Gefühle, Bedürfnisse und das Verhalten ihrer Eltern nicht. Da kleine Kinder noch keinen deutlichen Begriff davon haben, wie unterschiedlich Familien aussehen können, sind sie oft unsicher angesichts veränderter Lebensumstände oder neuer Muster des Kontakts zwischen ihnen selbst und dem scheidenden Elternteil. Dies führt häufig zu übermäßiger Angst, verlassen zu werden, und zu übersteigerten Hoffnungen auf Aussöhnung.
Anders reagieren Kinder, die zur Zeit der Scheidung älter sind. Sieben- oder achtjährige Kinder geben meist weniger sich selbst die Schuld, aber die Angst vor dem Verlassenwerden und vor Zurück-

weisung bleibt; auch ist ihr Verständnis für den zwischenmenschlichen Bereich noch begrenzt. Erst gegen Ende des späten Kindesalters können Kinder die Scheidung als Vorgang ganz verstehen, Verantwortung für die Scheidung zuordnen, Loyalitätskonflikte lösen und die wirtschaftlichen und sozialen Veränderungen, die oft mit der Scheidung einhergehen, verarbeiten.
In einer Studie über 60 Familien in Kalifornien, in denen die Eltern in Scheidung lebten, stellten Judith Wallerstein und Joan Kelly fest, daß noch nicht schulpflichtige Kinder die größten Schwierigkeiten hatten, sich auf die Scheidung einzustellen, während Jugendliche sich dem Trauma leichter anpassen konnten. Nach einem Jahr zeigte sich bei 44 Prozent der noch nicht schulpflichtigen Kinder, aber nur bei 23 sieben- bis zehnjährigen Kindern eine Abnahme ihres abnormen Verhaltens. Jugendliche dagegen hatten im ersten Jahr nach der Scheidung der Eltern wenige Probleme. Zum Teil mag das auf ihren besseren Einblick in den Scheidungsvorgang zurückzuführen sein. Es kann aber auch andere Gründe haben, wie Mavis Hetherington sagt: „Wenn die häusliche Situation besonders schmerzlich ist, haben Jugendliche mehr als kleinere Kinder die Möglichkeit, sich abzukoppeln und anderswo Befriedigung zu suchen, zum Beispiel in der Nachbarschaft, in der Gleichaltrigengruppe oder in der Schule“ (7).

Die Rolle des Vaters, wenn die Mutter das Sorgerecht hat

Auch wenn die Mutter das Sorgerecht für die Kinder hat, bleibt der Vater wichtig. Mavis Hetherington stellte fest, daß viele geschiedene Väter anfangs fast soviel Direktkontakt mit ihren Kindern hatten wie Väter in intakten Familien – was uns daran erinnert, daß viele Väter in nicht geschiedenen Familien nicht viel Zeit mit ihren Kindern verbringen. Zwei Monate nach der Scheidung war der Einfluß der Väter noch offenkundig. Allerdings nahm die Verfügbarkeit der Väter in dieser Studie im Laufe der Zeit meistens ab. Nach zwei Jahren hatten die Väter viel weniger Kontakt mit ihren Kindern als unmittelbar nach der Scheidung. Von den 48 Vätern in der Studie sahen 19 ihre Kinder einmal die Woche, 21 sahen sie alle zwei oder drei Wochen, 8 sahen sie einmal im Monat oder seltener.

Andere Forscher berichten über ähnliche Muster eines allmählichen Abnehmens des Vater-Kind-Kontaktes nach der Scheidung. Julie Fulton beobachtete 560 geschiedene Eltern, von denen fast 90 Prozent der Mütter das alleinige Sorgerecht für die Kinder hatten, und stellte fest, daß es nur bei einem Fünftel der Familien in den ersten zwei Jahren nach der Scheidung ein festes Besuchsschema für den nicht sorgeberechtigten Elternteil gab, und das war in der Regel der Vater (8). Bei 50 Prozent war die Besuchstendenz rückläufig, bei 28 Prozent der Familien kam der nicht sorgeberechtigte Elternteil nie zu Besuch.

Diese Besuchsmuster erklären sich nun nicht einfach aus Indifferenz oder Desinteresse der Väter. Auch die Einstellung des Elternteils, dem das Sorgerecht übertragen wurde, ist von Bedeutung. Julie Fulton fand heraus, daß fast 40 Prozent der sorgeberechtigten Frauen ihren Exgatten nicht gestatteten, die Kinder wenigstens einmal zu sehen; Gesundheit, Sicherheit oder Wünsche der Kinder hatten mit dieser Weigerung nichts zu tun. Julie Fulton merkt an: „Sorgeberechtigte Eltern versuchen, sich und ihren Kindern ein neues Leben aufzubauen, und viele ihrer Entscheidungen und Handlungen dienen dem Zweck, den anderen Elternteil auf Distanz zu halten" (9).

Mavis Hetherington fand in ihrer Studie heraus, daß der Einfluß des Vaters zurückging, wenn sein Kontakt mit den Kindern abnahm. Und während der Einfluß der Väter auf das Verhalten ihrer Kinder schwand, wuchs der der Mütter. In intakten Familien hat das Verhalten der Mütter für das Geschlechtertypisieren im allgemeinen eine geringere Bedeutung als das Verhalten der Väter, aber in Familien, die infolge Scheidung der Eltern unvollständig sind, wird die lenkende Wirkung der Mütter viel wichtiger. Alleinerziehende Mütter nehmen stärker Einfluß, indem sie ihren Kindern – besonders ihren Söhnen – beibringen, welche Arten von Verhalten als ihrem Geschlecht angemessen gelten. Viele geschiedene Mütter ziehen Söhne groß, die nach traditionellen Normen sehr maskulin sind; sie erreichen dies dadurch, daß sie traditionelle, vom maskulinen Geschlechtsklischee geprägte Verhaltensweisen – Unabhängigkeit und Erkunden – fördern und sich eine positive Einstellung zu ihren ehemaligen Gatten bewahren. Allerdings merken Mavis Hetherington und ihre Kollegen an:

Viele Mütter in Familien ohne Väter sind überfürsorglich zu ihren Söhnen, infantilisieren sie und sind in ihren Restriktionen sprunghaft. Sie sind besorgt, wenn ihre Kinder waghalsige oder wilde Dinge treiben... In Verbindung damit, daß ein Vater als unerwünscht betrachtet wird, können diese mütterlichen Aktivitäten ängstlichem, unselbständigem Verhalten und femininem Geschlechtsrollentypisieren, wie es bisweilen bei manchen Jungen in Familien mit nur einem Elternteil beobachtet wird, Vorschub leisten (10).

Zu dieser Abnahme des väterlichen und der damit einhergehenden Zunahme des mütterlichen Einflusses auf das Geschlechtstypisieren von Kindern muß es nicht zwangsläufig immer dann kommen, wenn die Mutter das Sorgerecht hat. Die Väter in Mavis Hetheringtons Untersuchung, die die ganzen zwei Jahre nach der Scheidung häufig mit ihren Kindern in Verbindung waren, hatten stärker von Geschlechtsrollenklischees geprägte Kinder. Anders gesagt: Wenn geschiedene Väter mit ihren Kindern kontinuierlich in Kontakt bleiben, können sie dadurch weiterhin auf die soziale und emotionale Entwicklung ihrer Kinder einwirken.

Abweichungen von den traditionellen maskulinen und femininen Geschlechterklischees müssen natürlich nicht unbedingt problematisch sein; viele würden diese Verschiebungen in Richtung auf mehr androgyne Geschlechtsrollen für Jungen und Mädchen als positiv und zuträglich bewerten. Welche Kombinationen von geschlechtstypischen Verhaltensweisen Jungen und Mädchen – ob in Alleinerzieherfamilien oder intakten Familien – im einzelnen wahrscheinlich zeigen werden, hängt davon ab, welche Rollenvorbilder die Eltern geben und welche Verhaltensweisen sie bei ihren Kindern fördern und schätzen.

Das Ausmaß des Kontaktes zwischen geschiedenen Vätern und ihren Kindern ist ein Punkt, in dem Familien stark voneinander abweichen, und kann sogar vom Geschlecht des Kindes abhängen. Robert Hess und Kathleen Camara fanden heraus, daß Jungen häufiger und länger als Mädchen mit ihren Vätern zusammen waren und auch zwischen den einzelnen Besuchen öfter mit ihren Vätern Kontakt hatten (11). Wenn man die größeren Schwierigkeiten bedenkt, die den Jungen in der Hetherington-Studie nach der Scheidung zu schaffen machten, könnte man sich vorstellen, daß Väter ihre Söhne öfter sehen, weil sie versuchen, einige dieser Probleme zu mildern – denn wohlgemerkt:

Beeinflussung unter Familienmitgliedern spielt sich in zwei Richtungen ab. Vielleicht messen Väter ihrer Beziehung zu ihren Söhnen aber auch einen besonderen Wert bei – eine Präferenz, wie wir in Kapitel 3 sahen, die schon in den frühesten Interaktionen der Väter mit ihren neugeborenen Babys zutage tritt.
Robert Hess und Kathleen Camara schildern die vielen Kontaktmuster, die sie in ihren Familien beobachteten, folgendermaßen:

Manche Väter sahen ihre Kinder jede Woche und telefonierten oft mit ihnen. Andere besuchten sie selten, wann, ließ sich nie voraussagen. Für manche war die Wohnung des Vaters ein zweites Zuhause. Abgestattet wurden lange Wochenend-, Feiertags-, Ferien- oder anderweitig ausgedehnte Besuche, bei denen Kinder vorübergehend am Leben und Haushalt des Vaters teilhaben konnten. Die Kinder wurden nicht als Gäste behandelt, sondern bekamen Pflichten im Hause zugewiesen. Ein anderes Muster: Der Vater holte die Kinder an einem Wochenendnachmittag ab, dann ging's in den Park, hierauf in ein Restaurant, und anschließend brachte er sie heim – ein ‚Disneyland-Vater', wie ihn zwei Eltern in unserer Studie nannten. Häusliche Routinearbeiten – Mahlzeiten zubereiten, Handwerkeln in Haus und Garten, Rasen mähen, Fahrräder reparieren und dergleichen – wurden von diesen Vätern nicht als Gelegenheiten zur Interaktion genutzt. Der Kontakt zwischen Vater und Kindern mag herzlich gewesen sein, aber vom neuen Leben des Vaters wurden die Kinder ferngehalten (12).

Wie ich in diesem Buch immer wieder betont habe, können Väter auf ihre Kinder sowohl direkt als auch indirekt durch ihre Beziehungen zu anderen Familienmitgliedern einwirken. Dies zeigt sich deutlich bei geschiedenen Eltern, die ihre Kinder nicht nur durch unmittelbare Interaktion beeinflussen, sondern auch mittelbar dadurch, daß sie die Mutter in deren Funktion als elterliche Betreuungsperson unterstützen. Mavis Hetherington und ihre Kollegen stellten fest, daß die Wirksamkeit der Bemühungen der Mutter um das Kind damit zusammenhing, inwieweit der Exgatte sie in der Kindererziehung unterstützte und mit ihr in disziplinarischen Fragen, die das Kind betrafen, einer Meinung war. Wenn geschiedene Eltern sich abstimmten und einander beistanden, schien die familiale Funktion weniger extrem gestört zu sein und war nicht erst gegen Ende des zweiten Jahres, sondern schon gegen Ende des ersten Jahres wieder stabilisiert.
Die Auswirkungen des Kontaktes mit dem Vater sind keineswegs

kurzlebig. Judith Wallerstein und Joan Kelly fanden heraus, daß sogar noch fünf Jahre nach der Scheidung

> der für eine gute Neuorientierung ausschlaggebende Faktor eine feste, liebevolle Beziehung mit *beiden* Eltern war, zwischen denen es nur noch wenig Reibung gab, so daß sich zuverlässige, regelmäßige Besuchsmuster einspielten, die der sorgeberechtigte Elternteil unterstützte... Welchen Beitrag der nicht im Haushalt lebende Elternteil leisten konnte, stellte sich deutlich nach fünf Jahren heraus. Häufig praktizierte, flexible Besuchsmuster blieben für die meisten Kinder wichtig.

Fast ein Viertel der Kinder in dieser Studie sahen ihre Väter weiterhin wöchentlich; von den übrigen sahen 20 Prozent ihre Väter zwei- bis dreimal im Monat. Für die 17 Prozent, die ihre Väter seltener als einmal im Monat sahen, blieb das Desinteresse ihrer Väter schmerzlich; noch nach fünf Jahren wünschten sich diese Kinder mehr Kontakt mit dem Vater. Judith Wallerstein und Joan Kelly „stellten fest, daß 30 Prozent der Kinder fünf Jahre nach der Trennung der Eltern eine emotional entwicklungsfördernde Beziehung zu ihren Vätern hatten und daß dieses Gefühl des Fortbestehens einer engen Beziehung ausschlaggebend war für die gute Anpassung von Jungen und von Mädchen". Die beiden Forscherinnen erklären dies so: „Daß der Vater da war, ersparte dem Kind quälende Ängste, es werde im Stich gelassen und total abgelehnt, sowie die nagenden Selbstzweifel, die solchen Sorgen folgen. Das Vorhandensein des Vaters, so beschränkt es auch sein mochte, verringerte zudem die Verwundbarkeit und das Alleinsein und die völlige Abhängigkeit des Kindes von einem Elternteil" (13).

Allerdings ist der Kontakt zwischen einem Vater und seinen Kindern nach der Scheidung nicht immer hilfreich; in manchen Fällen kann er sogar schädlich sein. Wenn, nach Hetherington, ein geschiedener Vater mit seiner früheren Frau über Kindererziehungsfragen uneinig ist, wenn er eine negative Einstellung zu ihr hat, und wenn er in gefühlsmäßiger Hinsicht unreif ist, sollte die Familie lieber wenig Kontakt mit ihm pflegen. In diesem Fall sind häufige Besuche des Vaters mit schlechten Beziehungen zwischen Mutter und Kind und mit Zerreißproben für das Kind verbunden. Judith Wallerstein und Joan Kelly bestätigen diese Beobachtungen. Sie ermittelten, daß fast ein Fünftel der Kinder in solchen Situationen die Besuche unerfreulich oder nicht lohnend fand. Mehrere nahmen es übel, daß sie dazu benutzt wurden, feindselige Botschaften zwischen den Eltern hin- und herzutragen. Ein dreizehnjähriges Kind sagte: „Mein Vater muß begreifen, daß, wenn er Pfeile auf meine Mutter abschießt, sie zuerst durch unsere Körper durchmüssen, bevor sie Mutter erreichen" (14). Der unregelmäßig besuchende Vater kann bewirken, daß sein Kind sich „zurückgestoßen, abgelehnt, ungeliebt und nicht liebenswert" fühlt. Diese Studien besagen eindeutig: Die Qualität des Kontaktes zwischen Vätern und ihren Kindern ist wichtiger als die Quantität. Robert Hess und Kathleen Camara gelangten zu dem Schluß: „Das Vertrauen des Kindes in die Verbindung mit dem Vater hing anscheinend weniger von der Häufigkeit der Verabredungen mit ihm ab als von der Qualität der Interaktion, wenn sie sich trafen" (15).

Man muß im Auge behalten, daß die beste Situation für Kinder geschiedener Eltern eine ist, in der enge Beziehungen zu *beiden* Eltern bestehen, nicht bloß zum Vater *oder* zur Mutter. Ein gutes Verhältnis mit einem Elternteil hilft, aber enge Verbindungen mit Mutter und Vater sind noch besser. Robert Hess und Kathleen Camara verglichen drei Gruppen von Kindern geschiedener Eltern miteinander – Kinder, die positive Beziehungen zu beiden Eltern hatten, Kinder mit negativen Beziehungen zu beiden, und Kinder, deren Beziehung zu dem einen Elternteil positiv und zu dem anderen negativ war. Diese drei Beziehungsmuster wirkten sich auf die Kinder erstaunlich verschieden aus. Die Kinder mit positiven Beziehungen zu beiden Eltern hatten die niedrigsten Punktzahlen in Streß und Aggression und wurden nach Arbeitserfolg und sozialer Interaktion mit Gleichaltrigen höher bewertet. Wenn beide Beziehungen unbefriedigend waren, wirkte sich die Scheidung am negativsten aus. Doch wie wir in Kapitel 4 sahen, hat Mary Main festgestellt, daß bei Kleinkindern eine gute Beziehung zu einem Elternteil eine schlechte zu dem anderen Elternteil zumindest teilweise ausgleichen kann. Einen ähnlichen Effekt fanden Robert Hess und Kathleen Camara bei Kindern aus geschiedenen Ehen. Die Kinder mit positiven Beziehungen zu wenigstens einem Elternteil waren hinsichtlich Aggression und Streß nahezu identisch mit Kindern, die gute Beziehungen zu beiden Eltern unterhielten, und standen in ihrem Arbeitserfolg und ihrer Fähigkeit, mit Gleichaltrigen zurechtzukommen, zwischen den Gruppen von Kindern, die positive oder negative Beziehungen zu beiden Eltern hatten. Zweifellos müssen die Beziehungen zu *beiden* Eltern berücksichtigt werden. Leider haben Robert Hess und Kathleen Camara nicht untersucht, ob die Mutter-Kind-Beziehung oder die Vater-Kind-Beziehung wichtiger ist, oder ob es (und dem kommt noch mehr Bedeutung zu) für das Kind besser ist, eine positive Beziehung zu dem sorgeberechtigten Elternteil zu haben. Die Situation, daß ein Kind bei dem einen Elternteil lebt, aber beim anderen sein möchte, ist offensichtlich nicht ideal. Man hat gerade erst begonnen, die verwickelten Probleme zu entwirren, mit denen sich eine Scheidung in Familien auswirkt.

Kinder in der Obhut des Vaters

Manchmal erhalten Väter nach der Scheidung das Sorgerecht für ihre Kinder; dann wachsen diese in einem Haushalt mit dem Vater als einziger Betreuungsperson auf. Welche Folgen hat diese Umkehrung des normalen Kinderbetreuungsarrangements für das Kind? Obgleich wir es fast schon als selbstverständlich betrachten, daß in Scheidungsfällen die Mutter das Sorgerecht für die Kinder erhält, ist dies ein Phänomen des Zwanzigsten Jahrhunderts. Bis Ende des vorigen Jahrhunderts galten Kinder (und Ehefrauen) nach englischem Recht als Eigentum des Gatten, und fast immer bekamen Väter die Kinder zugesprochen. Eine Ausnahme wurde höchstens gemacht, wenn der Vater total untauglich war. Im Jahre 1817 zum Beispiel wurde dem Dichter Shelley das Sorgerecht für seine Kinder wegen seiner „verwerflichen und unmoralischen“ atheistischen Anschauungen entzogen. In unserem Jahrhundert dagegen erhielten Väter bis vor kurzem das Sorgerecht meist nur, wenn die Mutter als außerordentlich untauglich angesehen wurde.
Die Anschauung, Mütter seien sowohl biologisch als auch psychologisch in einzigartiger Weise zum Aufziehen von Kindern befähigt, hat die Oberhand gewonnen. Allgemein wird sie auch von Gerichten vertreten, die „seit langem einer Doktrin vom ‚Wohle des Kindes‘ das Wort geredet haben, wenn es um das Sorgerecht geht, doch in der Praxis haben sie sich von der Verallgemeinerung leiten lassen, daß,

außer unter ganz extremen Umständen, der Mutter das Sorgerecht zustehen soll" (16). In den siebziger Jahren dieses Jahrhunderts hat sich die Situation verändert; es wird angezweifelt, daß die Mutter wirklich immer das Sorgerecht haben müsse. Ein Richter am New Yorker Family Court schrieb in einem Rechtsgutachten:

> Die einfache Tatsache, Mutter zu sein, deutet für sich allein nicht auf die Befähigung oder Bereitschaft hin, eine Betreuung zu leisten, die sich qualitativ von der dem Vater möglichen Betreuung unterscheidet. Zumindest seit der Jahrhundertwende wird die traditionelle und romantische Ansicht vertreten, daß es für Mutterliebe keinen adäquaten Ersatz geben könne... Spätere Entscheidungen haben anerkannt, daß diese Ansicht mit einer nach heutigem Wissensstand realistischen Anwendung der Doktrin vom Wohl des Kindes unvereinbar ist, und daß sie mit dem zeitgenössischen Denken über die Entwicklung des Kindes und über Klischees von „männlich" und „weiblich" nichts zu tun hat (17).

Heute, da sich unsere Vorstellungen von den Geschlechtsrollen für Mütter und Väter wandeln und die Kompetenz des Vaters als Elternteil und Betreuungsperson dokumentarisch belegt wird sowie Anerkennung findet, begehren mehr Väter das Sorgerecht für ihre Kinder. Dem entspricht, daß mit zunehmender Berufstätigkeit bei Frauen sich manche von ihnen nicht mehr auf die Rolle der mütterlichen Kinderbetreuerin festgelegt sehen möchten, und daß das Sorgerecht von Frauen jetzt nicht mehr so oft beansprucht wird. Infolge dieser beiden Trends erhalten jetzt öfter Väter das Sorgerecht. Wie schon früher angemerkt, hatten 1979 in den Vereinigten Staaten annähernd 10 Prozent und in Großbritannien etwa 7 Prozent der geschiedenen Väter das Sorgerecht für ihre Kinder.

Da der sorgeberechtigte alleinerziehende Vater eine neue und noch relativ seltene Erscheinung ist, haben wir bislang nur begrenzt Einblick in die Konsequenzen. Die Resultate, die den paar verfügbaren Studien zu entnehmen sind, stehen miteinander in Einklang und helfen manche Mythen und Vorurteile entkräften. Wer sind die geschiedenen Männer, die ihre Kinder zugesprochen bekommen? Um das herauszufinden, befaßte sich Kelin Gersick mit vierzig kürzlich geschiedenen Vätern, von denen zwanzig das Sorgerecht für ihre Kinder erhalten hatten, die übrigen nicht. Im Widerspruch zu landläufigen Erwartungen waren die Männer, die das Sorgerecht begehrten und auch erhielten, keine jüngere, radikalere Gruppe mit ausgefallenen Lebensstilen. Sie waren vielmehr älter, etablierter und in sozio-ökonomisch höheren Positionen. Möglich mithin, daß sie sich besseren Rechtsbeistand leisten konnten und von den Richtern mit mehr Wohlwollen betrachtet wurden. Ferner deutete nichts darauf hin, daß solche Männer wahrscheinlich eher aus geschiedenen Ehen stammen – im prozentualen Anteil der zerbrochenen und intakten Herkunftsfamilien gab es zwischen sorgeberechtigten und nicht sorgeberechtigten Vätern keine Unterschiede. Interessanterweise hatten die Männer, die das Sorgerecht für ihre Kinder erhalten hatten, intensivere Beziehungen zu ihren eigenen Müttern und mehr Distanz zu ihren Vätern als die Männer ohne Sorgerecht, die wiederum mit beiden Eltern in engem Kontakt standen. Die Mütter der Väter mit Sorgerecht hatten in ihren Familien im allgemeinen fast die ganze Verantwortung für die Kinderbetreuung getragen und nicht außerhalb des Hauses gearbeitet. Diese Männer mögen sich ein Beispiel an ihren Müttern genommen haben, die ein kindorientiertes Modell der elterlichen Betreuung demonstrierten. Ein sorgeberechtigter Vater formulierte es so: „Vermutlich bin ich mehr nach meiner Mutter geraten. Eindeutig haben wir beide das gleiche Interesse an der Kindererziehung." Der fesselnde Aspekt dieses Musters ist, wie Kelin Gersick sagt, daß „Männer aus traditionellen Familien wahrscheinlich eher die extrem nichttraditionelle Entscheidung treffen, das Sorgerecht zu begehren" (18).

Obwohl ihre Zahl wächst, werden alleinerziehende Väter noch immer als „kühne(r) Erkunder des Geschlechtsrollen-Neulands" (19) betrachtet. Demzufolge werden sie von den Leuten oft anders behandelt als geschiedene Mütter, die die Kinder in ihrer Obhut haben. Väter mit Sorgerecht bekommen mehr Hilfe angeboten, beispielsweise in Form von Einladungen zum Essen oder von Offerten, die Kinder zu hüten. Und in der Regel ernten sie auch mehr Lob: „Ist George nicht ein fabelhafter Vater, und er macht das ganz allein!" Wie oft wird es alleinerziehenden Müttern besonders hoch angerechnet, daß sie allein zurechtkommen? Das wird von ihnen einfach erwartet.

Männer, denen das Sorgerecht übertragen wurde, erweisen sich im allgemeinen als gute Kinderbetreuer. Väter mit Sorgerecht sind weder Wichtigtuer noch Typen mit zwei linken Händen, die keine Windel wechseln, kein Spiegelei zubereiten und nicht mit dem Staubsauger umgehen können. Geschiedene Väter können tüchtige Betreuer und Erzieher ihrer Kinder sein. Das bestätigen neuere Forschungen. Helen Mendes fragte alleinstehende Väter, von denen die meisten im Anschluß an die Scheidung das Sorgerecht erhalten hatten, wie sie die tägliche Hausarbeit bewältigten: „Achtundzwanzig von den 32 Vätern kochten regelmäßig, machten sauber, kauften ein und hatten den Haushalt im Griff. Keiner der Väter gab zu erkennen, daß er sich weniger männlich fühle, weil er diese Funktion erfüllen mußte. Kochen konnten diese Väter meist schon vor ihrer Existenz als geschiedene Väter" (20). Obwohl die Koordinierung der mannigfaltigen Aufgaben in der Betreuung von Haushalt und Kindern für viele alleinstehende Väter – genau wie für alleinstehende Mütter – einen erheblichen Streß bedeutet, schaffen sie es.

Wie beeinflussen sorgeberechtigte Väter die ihnen anvertrauten Kinder? Jungen, wir ersahen es aus dem Hetherington-Projekt, kommen nach der Scheidung der Eltern nicht so gut zurecht wie Mädchen, zumindest nicht, wenn sie bei der Mutter leben. Es erhebt sich die Frage, ob sich bei Jungen und Mädchen das gleiche Anpassungsmuster ergibt, wenn sie in der Obhut des Vaters sind. Oder tritt ein anderes Muster zutage, dergestalt, daß Jungen in der Obhut des Vaters weniger Unausgeglichenheit zeigen als Mädchen? John Santrock und Richard Warshak haben untersucht, wie sich die Ausübung der elterlichen Gewalt durch die Mutter und die durch den Vater auf die soziale Entwicklung von Jungen und Mädchen auswirken (21). Ihre Ergebnisse deuten darauf hin, daß Kinder, die beim andersgeschlechtlichen Elternteil leben, weniger angepaßt sind als Kinder unter der Aufsicht des sorgeberechtigten gleichgeschlechtlichen Elternteils. Santrock und Warshaks Schlußfolgerung beruht auf einer genauen Dokumentation dessen, wie sorgeberechtigte Väter und Mütter zu ihren sechs- bis elfjährigen Kindern bei einer Problemlöse-Aufgabe im Versuchsraum in Beziehung treten. Diese Familien wurden mit der Video-Kamera gefilmt, während Elternteil und Kind gemeinsam eine Aktivität planten und die wichtigsten Familienprobleme besprachen. Auf diese Video-Beobachtungen gestützt, entdeckten Santrock und Warshak allerlei obhutsbedingte Unterschiede

bei den Kindern. Jungen schien die Betreuung durch den sorgeberechtigen Vater zuträglich zu sein: Die Jungen, die bei ihren Vätern lebten, waren reifer und geselliger und zeigten mehr Selbstwertgefühl als Jungen, die sich in der Obhut ihrer Mütter befanden. Mädchen hingegen waren weniger anspruchsvoll, selbständiger und reifer, wenn sie in der Obhut ihrer Mütter standen.
Ein ähnliches Bild ergibt sich aus Bewertungen der Kinder im Zusammenhang mit Interviews. Mädchen, die bei ihren Vätern lebten, wurden als weniger kooperativ und weniger ehrlich beurteilt als Mädchen in der Obhut ihrer Mütter. Gleichermaßen waren Jungen, die bei ihren Vätern lebten, ehrlicher und kooperativer als Jungen in mütterlicher Obhut. Nach diesen Daten könnte die väterliche Obhut im Falle der Scheidung der Eltern für Jungen, jedoch nicht für Mädchen, eine bessere Lösung sein. Santrock und Warshak über ihre Feststellungen:

Die weiterbestehende, kontinuierliche Beziehung eines Kindes zum gleichgeschlechtlichen Elternteil scheint einen bedeutenden, kräftigen Einfluß auszuüben. Wenn Väter in der Erziehung von Jungen ebenso wie von Mädchen die Hauptrolle übernehmen, spüren sie die psychologisch gesunden Bedürfnisse von Jungen vielleicht besser heraus als die von Mädchen. Und wenn Müttern praktisch die Alleinverantwortung für die Erziehung ihrer Kinder übertragen wird, zum Beispiel mit der elterlichen Gewalt im Scheidungsfalle, bringen sie vielleicht ein besseres Gespür für die Bedürfnisse von Mädchen als für die von Jungen in die Situation ein (22).

Aber wir müssen die Ergebnisse von Santrock und Warshak behutsam interpretieren und sollten von ihrer Väter-Stichprobe nicht gleich verallgemeinernd auf alle geschiedenen Väter schließen. Wie ich schon sagte, mögen Männer, die das Sorgerecht erhalten, in mancher Hinsicht ungewöhnlich sein, da es ja auch noch ungewöhnlich ist, daß das Sorgerecht dem Vater übertragen wird. Vielleicht hatten sich diese Männer schon in der Ehe als ungewöhnlich hingebungsvolle, fähige Väter erwiesen oder besonders enge Beziehungen zu ihren Kindern entwickelt – und vielleicht war das einer der Gründe, weshalb man ihnen das Sorgerecht überhaupt zugesprochen hat.
Kinder in der Obhut des Vaters leben anders und machen andere Erfahrungen als Kinder in der Obhut der Mutter. Väter neigen mehr als Mütter dazu, zusätzliche Betreuungspersonen und -einrichtungen

wie die Mutter, Babysitter, Verwandte, Kindertagesstätten und Freunde einzuschalten. Wesentlicher ist, daß Kinder in väterlicher Obhut ihre Mütter öfter sehen als Kinder in mütterlicher Obhut ihre Väter. Zudem werden Kinder, deren Väter das Sorgerecht haben, für mehr Stunden pro Woche Kindertagesstätten anvertraut (24 Stunden versus 11 Stunden).

Es ist noch nicht ermittelt worden, ob Väter solche soziale Unterstützung häufiger von sich aus in Anspruch nehmen, oder ob Freunde, Verwandte und Nachbarn einfach das Gefühl haben, daß Väter bei der Kindererziehung mehr Hilfe brauchen als Mütter. Da man Männern normalerweise (ohne Rücksicht auf die Forschungsergebnisse) weniger betreuerische Fähigkeiten zutraut als Frauen, wäre es nicht verwunderlich, wenn alleinerziehende Väter mehr unverlangten Beistand bekämen. Diese sozialen Stützsysteme sind anscheinend wichtig: So, wie sich das im Versuchsraum darstellt, ist die Gesamtmenge des Kontaktes mit zusätzlichen Betreuungspersonen, unabhängig von der Art und Weise der Obhut, mit der Warmherzigkeit, Geselligkeit und sozialen Anpassungsbereitschaft des Kindes verbunden. Nicht so klar ist indessen, wieso diese sozialen Hilfen zuträglich sind. Vielleicht wird Kindern dadurch mehr und ein qualitativ besseres Engagement seitens Erwachsener zuteil, und zwar sowohl von seiten der zusätzlichen Betreuungspersonen als auch des Elternteils, bei dem die Kinder leben, da sich dessen Kräfte und Möglichkeiten dann nicht in dem Maße verbrauchen. Vielleicht profitieren Kinder allgemein vom Kontakt mit einem reichhaltigeren und größeren sozialen Gefüge aus mehr Menschen, die zusätzlich Unterstützung gewähren sowie alternative Rollenvorbilder sein können. Am besten begreifen wir Väter, Mütter und Kinder, wenn wir ihre Bindungen an Menschen und Institutionen außerhalb der Familie in Betracht ziehen.

Ungeachtet der Obhutsregelung können Väter selber aus Erfahrungen lernen, die sie machen, wenn sie nach der Scheidung für ihre Kinder sorgen. Kristine Rosenthal und Harry Keshet haben unlängst 129 von ihrer Ehefrau getrennt lebende oder geschiedene Männer beobachtet und sagen: „Männer, die sich von ihren Frauen getrennt haben oder von ihnen geschieden sind und eine größere Verantwortung für die Betreuung ihrer Kinder übernommen haben, finden, daß die Anforderungen aus dieser Verantwortung ein wichtiger Brennpunkt ihrer eigenen Entwicklung werden können." Ferner gelangten sie zu dem Schluß, daß nicht nur Kinder ihre Väter, sondern „Männer ihre Kinder brauchen... Indem ein Mann lernt, auf die Bedürfnisse seiner Kinder zu achten, lernt er, auf seine eigenen zu achten" (23).

Der Vater als Stiefvater

Da immer mehr Ehen geschieden werden, gewinnt eine weitere Rolle für Männer an Aktualität – die des Stiefvaters. Viele Männer, von der Sorge für die Person der eigenen Kinder ausgeschlossen, übernehmen regelrechte Verantwortung für andere Kinder, wenn sie sich wieder verheiraten. Im Jahre 1978 lebten in den Vereinigten Staaten 10 Prozent aller Kinder mit einem leiblichen Elternteil und einem Stiefelternteil zusammen. Letzterer war gewöhnlich ein Vater. Demographen sagen voraus, daß 1990 15 Prozent der Kinder in den Vereinigten Staaten bei einem Stiefelternteil leben werden.

Wie gut Kinder einen Stiefvater annehmen, hängt vom Alter der Kinder ab. Jessie Bernard fand in ihrer Studie über mehr als 21000 Wiederverheiratungen heraus, daß sehr jungen Kindern und auch Heranwachsenden das Akzeptieren eines Stiefelternteils leichter fällt als Jugendlichen. Henry Biller und Dennis Meredith erklären dieses Phänomen: „Es ist besonders schwierig, Stiefvater eines Teenagers zu werden. Der junge Mensch hat schon eine Anzahl emotionaler Reifungsprozesse hinter sich und bereits anderweitig Bindungen hergestellt. Er kämpft zudem um seine Unabhängigkeit von der Familie und ist nicht in der Lage, enge Beziehungen an ein neues Familienmitglied herzustellen" (24).

Auch wenn die Kinder jünger sind, kann das Hinzukommen eines Stiefvaters in der Familie Spannungen erzeugen, besonders in den Frühphasen. Eines der Hauptprobleme ist nach Judith Wallerstein und Joan Kelly die Zeit: „Anscheinend hatten nur wenige Männer ein Gespür dafür, daß eine Beziehung zu Stiefkindern allmählich aufgebaut werden muß und in den ersten Stadien mit Mißtrauen und Widerstand zu rechnen ist." Stattdessen schlüpften Stiefväter zu rasch in die Elternrolle hinein und beanspruchten für sich „die Vorrechte und die Autorität, die diese Stellung traditionell verleiht" (25). Die

Forscherinnen stellten aber auch fest, daß die Beziehungen zwischen Kindern in der Pubertät und ihren Stiefvätern trotz schwieriger Anfänge „für Kind und Erwachsenen befriedigend und erfreulich wurden".

Wenn die Mutter sich wieder verheiratet, stehen die Kinder vor dem immensen Problem, wie sie Beziehungen zu zwei Vätern unterhalten sollen – zu ihrem biologischen Vater und zum Stiefvater. Auch diese Frage haben Judith Wallerstein und Joan Kelly untersucht. Entgegen manchen Erwartungen entdeckten sie: Wenn die neue Ehe der Mutter glücklich ist, erwachsen den in solche Familien mitgebrachten Kindern keine ernsten Probleme oder Konflikte, außerdem verschwinden die biologischen Väter nicht aus dem Leben der Kinder. Von den Vätern in ihrer Studie besuchten sehr viele nach der Wiederverheiratung ihrer Exgattinnen weiterhin etwa wie zuvor ihre Kinder. Die Kinder stellten sich auf die neue Situation ein, indem sie ihren Familienbegriff erweiterten und darin Platz schafften für drei Elternteile – Mutter, Vater und Stiefvater. Als der zehnjährige Jerry gefragt wurde, wie oft er seinen Vater sehe, antwortete er: „Welchen Papa meinst du?"

Allerdings fielen Judith Wallerstein und Joan Kelly in Familien mit einem Stiefelternteil auch einige Probleme auf:

> Die tragischsten Situationen entstanden für das Kind, wenn Mutter oder Stiefvater von ihm verlangten, es dürfe seinen Vater nicht mehr liebhaben, wenn es in der jetzigen Familie anerkannt und geliebt werden wolle. Solche Kinder waren tief beunruhigt und deprimiert und zu sehr in den chronischen, unlösbaren Konflikt verstrickt, als daß sie sich im normalen Tempo entwikkeln konnten (26).

Es ist also wichtig, daß die Mutter und der Stiefvater die Liebe des Kindes zu seinem biologischen Vater gestatten, ja unterstützen. Wenn weder der Vater noch der Stiefvater versucht, die Zuneigung der Kinder für sich allein in Anspruch zu nehmen, haben die Kinder Raum in ihrem Leben für enge Beziehungen zu beiden Vätern, und beide Väter können die Entwicklung ihrer Kinder fördern.

Welche Langzeit-Effekte hat das Aufwachsen in einem Elternhaus mit einem Stiefvater auf Kinder? Ist es für die Kinder besser, wenn sie nur mit einem Elternteil zusammenleben, oder ist Wiederverheiratung den Kindern zuträglich? Darauf gibt es natürlich sehr verschiedene Antworten, es kommt ganz auf die Familie an. Was Gesamttrends betrifft, ist das Beweismaterial gemischt. Manche Forscher berichten, daß die Anwesenheit eines Stiefvaters sich günstig auswirkt, und zwar besonders bei Jungen im Hinblick auf das Erlernen der Verhaltensweisen, die als traditionell männlich gelten. Andere sind sich des Einflusses „wiederhergestellter" Familien nicht so sicher und argumentieren, daß „Wiederverheiratung und das Vorhandensein eines Stiefvaters tendenziell mehr Probleme schaffen als lösen" (27). In einer nationalen Untersuchung über Kinder stellte Nicholas Zill fest, daß Kinder, die mit Müttern und Stiefvätern zusammenlebten, wahrscheinlich in signifikant höherem Maße als „hilfsbedürftig" zu betrachten waren als Kinder in Haushalten mit Mutter und Vater oder in Haushalten mit nur einem Elternteil (28). Kein Zweifel, Scheidung und die folgenden Anpassungen, die die Kinder bewerkstelligen müssen, sind schwierig; Wiederverheiratung kann neue Probleme heraufbeschwören und weitere, neue Anpassungen erfordern. Wenn Eltern und Stiefeltern aber feinfühlig auf die Bedürfnisse des Kindes reagieren, können sie gute familiäre Beziehungen entwikkeln. Jedoch ist hier das letzte Wort noch längst nicht gesprochen. Es gibt kein Patentrezept, das dafür Gewähr bietet, daß Wiederverheiratung für Kinder aus geschiedenen Ehen die Lösung ist.

Muß Scheidung unbedingt negativ sein?

Oft ist die Scheidung für Mütter und Väter ebenso wie für Kinder zerrüttend, stressend und schmerzlich. Ich habe viele negative Auswirkungen einer Scheidung der Eltern auf das Verhalten der Kinder genannt. Aber für manche Familien kann die Scheidung die beste Alternative sein. Viele Forscher haben festgestellt, daß Kinder in Familien mit nur einem Elternteil besser dran sind als Kinder in intakten, jedoch von Konflikten heimgesuchten Familien. Die Trennung von einem Elternteil muß nicht unbedingt negative Folgen haben. Für Kinder kann zum Beispiel positiv sein, wenn sie durch die Scheidung der Eltern aus dem Konflikt eines bis dahin zwar nicht zerbrochenen, aber doch unglücklichen Zuhauses herauskommen. In manchen Familien ist die Scheidung eben der wohlüberlegte Schritt eines Ehepaares, der Spannungen, Pein und Zwietracht ein Ende setzen soll. Um es mit Margaret Mead zu sagen: „Jedesmal, wenn wir die Wichtigkeit eines glücklichen, gesicherten Zuhauses für Kinder betonen, unterstreichen wir damit zugleich, daß es richtig ist, Ehen zu beenden, wenn die häuslichen Verhältnisse trostlos und unsicher geworden sind.“

Kapitel 7
Neuerungen in der väterlichen Fürsorge

Geschiedene Väter mit Sorgerecht sind heutzutage nicht die einzigen Väter, die für ihre Kinder sorgen. Die traditionelle Arbeitsteilung zwischen Vater und Mutter wird jetzt angezweifelt und in vielen intakten Familien nicht mehr beibehalten. Dank sozialer Veränderungen wie Vaterschaftsurlaub, kürzere Arbeitswochen und gleitende Arbeitszeit können sich Männer heute mehr Zeit für ihre Kinder nehmen. In Familien, wo Mutter und Vater außerhalb des Hauses berufstätig sind, erledigt der Vater oft den größeren Teil der Kinderbetreuung. In manchen Familien sind die traditionellen ökonomischen Rollen heute genau umgekehrt besetzt: Die Mutter geht täglich zur Arbeit, der Vater führt den Haushalt. Was bedeuten diese neuen Formen der Familienorganisation für Kinder?

Zeit für väterliche Fürsorge

In den meisten Industrieländern ist es üblich, daß die berufstätige Frau im Anschluß an die Geburt eines Kindes für einige Zeit Urlaub erhält. Wie steht es mit Urlaub für Väter? Vaterschaftsurlaub gibt einem Vater die Möglichkeit, sein neugeborenes Baby gleich von Anfang an kennenzulernen und an ihm Freude zu haben. Statt Stippvisiten, wenn das Baby gefüttert wird, und rascher Blicke durchs Fenster der Abteilung für die Neugeborenen – alles in der Mittagspause oder nach einem vollen Arbeitstag – gestattet Vaterschaftsurlaub ein allmähliches Hineinwachsen in das Vatersein. In den Vereinigten Staaten gewinnt eine solche Urlaubsregelung langsam an Boden; in manchen Ländern ist sie bereits selbstverständlich. In Schweden kann der Vater oder die Mutter eines neugeborenen Kindes neun Monate lang daheim bei der Familie bleiben und erhält in dieser Zeit Lohnausgleich. Nach neueren Daten machen über 60 Prozent der schwedischen Väter von dieser Möglichkeit Gebrauch; allerdings nehmen im ersten Lebensjahr des Babys nur etwa 15 Prozent einen Monat oder länger Urlaub mit Lohnausgleich.

Die Elternversicherung kann als eine Ermunterung zur Teilung der Verantwortung für die Kinder betrachtet werden. Während der ersten 6 Monate nach der Geburt hat der Vater oder die Mutter Anrecht auf Elternurlaub mit vollem Lohn. Die Eltern können sich diesen Urlaub auch teilen. Darüber hinaus erhalten die Eltern 3 Monate bezahlten Urlaub, den sie untereinander aufteilen sollen; ein Elternteil kann seinen Anteil jedoch auch dem anderen überlassen. Diese letztere Periode kann unmittelbar genommen oder auch in verkürzte Arbeitszeit verwandelt bzw. später genommen werden, bis die Kinder das 8. Lebensjahr vollenden. Außerdem haben erwerbstätige Eltern ein Anrecht auf 12 bis 18 Tage bezahlten Urlaub im Jahr, wenn sie gezwungen sein sollten, ihre vorübergehend kranken Kinder zu Hause zu pflegen.

Maureen Green sagt dazu: „Daß man einem Vater eine gewisse Zeit bewilligt, damit er daheim bleiben und die ersten Lebenswochen seines Sohnes oder seiner Tochter genießen kann, wird jetzt schon weniger als eine Verschrobenheit betrachtet, sondern mehr als eine persönliche Notwendigkeit" (1). Ob sich infolge dieser Gelegenheit, mit dem Baby vertraut zu werden, die spätere Beziehung des Vaters zu seinem Kind anders entwickelt, ist noch nicht geprüft worden, scheint aber eine vielversprechende Möglichkeit zu sein.
Auch die gleitende Arbeitszeit kann dem Mann mehr Spielraum für väterliche Fürsorge verschaffen. Väter können dann beispielsweise des Morgens länger zu Hause bleiben und ihre Kinder schulfertig machen, oder sie gehen früher zur Arbeit, kommen zeitiger heim und nehmen die Kinder nach der Schule in Empfang. Es könnte die Beziehungen zwischen Kindern und ihren Vätern sehr verändern, wenn Väter für diese täglichen Kinderbetreuungsaufgaben zur Verfügung stehen würden. Nach neueren Untersuchungen aus Skandinavien zu urteilen, zum Beispiel laut Berichten aus den Volvo-Werken in Schweden, ist die gleitende Arbeitszeit wirtschaftlich durchführbar und kann sich für Familien wie Arbeitgeber positiv auswirken. Andere Belege wiederum deuten darauf hin, daß die gleitende Arbeitszeit vielleicht doch keine große Bedeutung für das Familienleben hat. In einer neueren Studie über 700 Berufstätige in zwei US-Regierungsstellen, von denen die eine die gleitende Arbeitszeit praktizier-

te, die andere die festen Dienststunden beibehielt, fragten Halcy Bohen und Anemaria Viveros-Long die Angestellten, wie sie ihre Zeit zwischen Amtsgeschäften und Zuhause aufteilten (2). Ihren eigenen Auskünften nach verwendeten weder Mütter noch Väter, die die gleitende Arbeitszeit hatten, mehr Zeit auf ihre Kinder als die Kollegen und Kolleginnen mit dem starren Dienstplan; allerdings gerieten bei den Gleitzeitlern die häuslichen Pflichten weniger mit den beruflichen in Konflikt als bei der anderen Gruppe. Vielleicht könnte sich die Beziehung zwischen Eltern und Kind auch dann qualitativ verbessern, wenn sich das Zeitquantum nicht ändert. Eins ist klar: Wenn Eltern mehr Zeit zur Verfügung haben, ist damit nicht garantiert, daß sie sie ihren Kindern widmen. James Levine unterstreicht:

Freie Zeit wird und kann nicht von allen Männern und Frauen für die Betreuung ihrer Kinder genutzt werden – da sind ja noch das Einkaufen, das kommunale Leben, die Kirchenarbeit, das Kegelschieben usw. In vielen Fällen wird freie Zeit bedeuten, daß ein Zweitjob angenommen wird, um in einer inflationären Wirtschaft die Haushaltungs- und sonstigen Lebenskosten der Familie zu bestreiten. Wichtig ist hier aber nicht nur die Chance für neue Beziehungen, es gilt auch einzusehen, daß auch Männer ein familienbezogenes Interesse an der Umstrukturierung der Berufsarbeit haben (3).

Andere Veränderungen in der Arbeitswelt eröffnen Männern noch größere Möglichkeiten für ihre Beteiligung an der Betreuung und Erziehung ihrer Kinder. Obwohl die meisten Männer nach wie vor ganztägig arbeiten, setzt sich „Halbtagsarbeit für Ganztagseltern", wie Levine es nennt, in den Vereinigten Staaten und in Europa mehr und mehr durch. Eine Form der Halbtagsarbeit ist zum Beispiel, daß Ehegatten sich einen Arbeitsplatz teilen, aber jeder nur als Halbtagskraft tätig ist. An manchen Colleges in den Vereinigten Staaten teilen sich einige unlängst promovierte Doktoren der Philosophie einen Fakultätsposten. Erik Gronseth beobachtete sechzehn Ehepaare, bei denen sich die beiden Partner einen Job teilten oder jeder eine Halbtagsstelle hatte. Gronseth stellte fest, daß die meisten diese Lösung ausprobierten, weil sie ihre Beziehungen zu ihren Kindern verbessern wollten. In diesen Familien – die meisten hatten Kinder im Vorschulalter – teilten sich Mutter und Vater zwar die Betreuung der Kinder 50:50, aber die Hausarbeit wurde weiterhin hauptsächlich von der Frau erledigt. Diese Umschichtungen in der Berufsarbeit und der

Kinderbetreuung haben viele Aspekte des Familienlebens günstig beeinflußt. Väter berichteten, daß sie „einen besseren und freieren Kontakt" mit ihren Kindern bekommen hätten, sich ihnen näher fühlten, sie besser verstünden. Auch Müttern kam es zugute; sie hatten infolge der Entlastung von ganztägiger Kinderbetreuung mehr Freude an ihren Kindern. Fast jeder in dieser Untersuchung Befragte meinte, daß „die Kinder diejenigen sind, deren Wohl mit solcher Arbeitsteilung am meisten gedient ist" (4).
Indes besserten sich bei diesen Paaren aber auch die ehelichen Beziehungen. Die Partner hatten, wie sie sagten, weniger Konflikte, ihr Zusammengehörigkeitsgefühl war gestärkt, sie verstanden einander besser. Natürlich mögen davon auch die Kinder profitiert haben; denn was die Eltern für einander empfinden, wie sie zueinander stehen, kann ihre Beziehungen zu ihren Kindern beeinflussen. Wie in Kapitel 3 erörtert, hat Frank Pedersens Arbeit gezeigt, daß die Beziehungen zwischen den Ehegatten Einfluß darauf hatten, mit welchem Erfolg die Mutter ihr Baby fütterte. Zusammenfassend stellte Gronseth fest, daß arbeitsteilige Familien „weniger unter Streß standen und bessere eheliche und Eltern-Kind-Beziehungen hatten als vor dem Übergang zu dem neuen Schema" (5). Diese Methode, Arbeit und Familienleben zu organisieren, ist ungewöhnlich und wird es wahrscheinlich auch bleiben, aber die Vorteile für Eltern und Kinder könnten sie in Zukunft für mehr Paare attraktiv machen, zumal als Lösung, solange ihre Kinder noch klein sind.
Die verkürzte Arbeitswoche ist eine weitere Neuerung, die sich in den Beziehungen zwischen Vätern und Kindern bemerkbar machen kann. Verbringen Väter mehr Zeit mit ihrer Familie, wenn sie länger, aber an weniger Tagen in der Woche arbeiten? David Maklan zog einen Vergleich zwischen Männern mit vier Zehn-Stunden-Arbeitstagen pro Woche und Männern mit fünf Achtstundentagen (6). Erstere investierten wöchentlich fast vier Stunden mehr in die Kinderbetreuung, aber im Zeitaufwand für Hausarbeit gab es keinen Unterschied. Es ist möglich, daß Männer sich ja Zeit für ihre Kinder nehmen wollen, aber in der Regel nicht dazu kommen; nach Betätigung im Haushalt verlangt es sie offensichtlich nicht so heftig. Wenn der Vater einen größeren Teil der Kinderbetreuung übernimmt, könnte sich sein Verhältnis zu seinen Kindern verbessern, und da er die Mutter durch

sein Mittun von manchen Pflichten in der Kinderbetreuung entlastet, könnte sich auch ihr Verhältnis zu den Kindern erfreulicher gestalten. Es ist noch nicht klar, wie es sich auf die Kinder auswirkt, wenn Väter längere Zeit ohne Unterbrechung daheim bleiben können. Klar ist aber, daß diese Neueinteilung von Arbeitszeiten mehr Kontakt zwischen Vater und Kind gestattet. Wie es scheint, ist dies also ein Weg, der „mehr Zeit für väterliche Fürsorge" erhoffen läßt.

Wenn beide Eltern berufstätig sind

Heute arbeiten mehr Mütter außerhalb des Hauses als jemals zuvor in unserer Geschichte. Die Zahl der berufstätigen Mütter ist in den meisten Industrieländern schnell gestiegen. Nach einer neueren Schätzung sind in den Vereinigten Staaten 35 Prozent der Frauen erwerbstätig. Der Prozentanteil der einen Beruf ausübenden Frauen nimmt rasch zu, wenn die Kinder älter werden. In den Vereinigten Staaten sind fast 60 Prozent der Mütter erwerbstätig, wenn die Kinder sechs Jahre alt sind.
Was bedeutet diese Situation für Väter? Übernehmen sie mehr Verantwortung für die Kinderbetreuung, oder halten sie einfach an ihrem traditionellen Schema fest, wenn Mütter außerhalb des Hauses arbeiten? Nach neueren Studien in den Vereinigten Staaten und in Australien zu urteilen, ändern Väter ihr Verhalten, wenn auch die Mutter berufstätig ist. John Robinson berichtet in seinem Buch *How Americans Use Time,* daß die Männer ganztägig arbeitender Frauen sich mehr um die Kinderbetreuung kümmern als die Männer von nicht oder halbtags erwerbstätigen Frauen. Ähnliche Trends stellte Graeme Russell in australischen Familien fest. Wenn beide Eltern im Beruf tätig waren, verdoppelten Väter ihren Beitrag zur Kinderbetreuung, während Mütter nach wie vor die Hauptlast der Routinebetreuung trugen (7).
Obwohl Väter weniger als 50 Prozent der Kinderbetreuungsarbeit verrichten, wirkt sich ihre Beteiligung auf die berufstätige Mutter und das Kind positiv aus. Michael Lamb und Susan Bronson erklären das so: „Indem ein Ehemann einen Teil der Haushaltsarbeit und/oder der Kinderbetreuung übernimmt, entlastet er seine Frau entspre-

chend, und das gibt ihr Zeit für geruhsame Interaktion mit dem Kind... Die Beteiligung des Gatten hat einen günstigen Einfluß auf die Mutter-Kind-Beziehung und dadurch indirekt auf die Entwicklung des Kindes.“ Wenn Väter sich an die Tradition klammern und aktive Mitarbeit verweigern, fahren Lamb und Susan Bronson fort, können Mutter und Kind darunter zu leiden haben:

Wenn der Gatte keinen nennenswerten Teil der häuslichen Verantwortung trägt, bleibt der berufstätigen Mutter wenig Zeit für geruhsame Interaktion mit dem Kind, da sie von mannigfaltigen, unabweisbaren Aufgaben in Anspruch genommen ist. Das Kind einer solchen Mutter kann eindeutig als „gefährdet“ betrachtet werden. Keiner der beiden Elternteile will oder kann ihm viel Zeit widmen, und die Interaktion mit der Mutter ist hastig, ohne Gefühl und von Routineaktivitäten wie Füttern und Baden beherrscht. Der Vater wiederum achtet nicht konsequent auf die Bedürfnisse des Kindes, weil er meint, dafür sei er nicht zuständig (8).

Rollenteilung in der Familie

Viele Mütter arbeiten außerhalb des Hauses, aber Väter, die eine dementsprechende Rolle in der Kinderbetreuung übernehmen, sind noch immer selten. Noch seltener sind Väter, die mit der Mutter die Rolle tauschen und „hauptamtlich“ die Kinder betreuen. Trotz ihrer Seltenheit lohnt es sich, Familien zu untersuchen, in denen sich Mütter und Väter radikal von traditionellen Rollen losgesagt haben. Sie können uns eine Menge Aufschluß darüber geben, welche Rollen Väter in der Familie zu erfüllen vermögen und wie Familien sich umorganisieren können, damit Eltern und Kinder mehr Bewegungsfreiheit gewinnen.

Graeme Russell studierte fünfzig australische Familien, in denen sich die Väter in erheblichem oder sogar im selben Maße wie die Mutter mit der Kinderbetreuung befaßten (9). In diesen Familien teilten sich Väter und Mütter ungefähr zu gleichen Teilen (Mütter 55 Prozent, Väter 45 Prozent) die gesamte Palette der Kinderbetreuungsaufgaben wie Füttern, Trockenlegen und Baden. In traditionellen Familien hingegen betrug der Anteil der Väter nur ca. 12 Prozent.

In nicht-traditionellen Familien wurde mehr Zeit auf das Spielen verwendet – zumeist, weil die Väter mehr mit ihren Kindern interagierten. Wie in traditionellen Familien spielten nicht-traditionelle Väter mehr als Mütter, die sich wiederum mehr Zeit nahmen, um den Kindern vorzulesen und bei Schulaufgaben zu helfen. In traditionellen Familien, wir haben das in früheren Kapiteln gesehen, neigen Mütter und Väter zu unterschiedlichen Spielstilen, wobei die Väter mehr Spiele mit körperlichem Einsatz und Spiele im Freien bevorzugen. Wenn sich Väter in der Kinderbetreuung engagieren, ändert sich jedoch ihr Spielstil: In diesen Familien tritt die stereotype Rollenverteilung mit Vater als Fußballtrainer der Kinder und Mutter als Geschichtenerzählerin weniger deutlich in Erscheinung. In einigen Russellschen Familien mit Rollenteilung beteiligten sich Mütter und Väter an Aktivitäten im Hause und im Freien; in anderen waren Väter allein im Hause und im Freien aktiv; in wieder anderen verwandten sie mehr Zeit darauf, mit ihren Kindern zu sprechen, zu singen und zu zeichnen, anstatt zu raufen oder Fußball zu spielen. Kapitel 3 hat gezeigt, daß dieselben Spielstil-Verschiebungen schon im frühen Kindesalter der Kinder beginnen. Wenn Väter ihre Babys den ganzen Tag betreuen, zeigen sie manche Spielstile, die auch bei Ganztagsmüttern beobachtet werden.

Diese nicht-traditionellen Familien mit Rollenteilung haben andere Einstellungen zu Geschlechtsrollen als konventionelle Familien. Kein Wunder, daß in solchen nicht-traditionellen Familien Väter seltener der Meinung sind, die Mutter gehöre ins Haus. Auch haben die Eltern in nicht-traditionellen Familien mehr Vertrauen zu den betreuerischen Talenten des Vaters. Über 80 Prozent der Väter und 90 Prozent der Mütter in nicht-traditionellen Familien glaubten, daß Väter fähige Betreuer sein könnten, wiewohl einige das Gefühl hatten, Väter verstünden sich darauf noch nicht so gut wie Mütter. Demgegenüber trauten in den traditionellen Familien nur 49 Prozent der Väter und 65 Prozent der Mütter den Vätern Kinderbetreuungsfähigkeiten zu. Warum entscheiden sich Eltern für die Lösung, daß die Mutter das Geld verdient und der Vater den Haushalt führt? Einige Eltern berichteten, sie fänden ganz einfach, daß sie sich die Betreuung ihrer Kinder teilen sollten, aber die meisten Familien taten es aus wirtschaftlichen Gründen. Interessanterweise kann die Übernahme dieses Lebensstils anders motiviert sein als seine Beibehaltung. Ein Vater drückte es so aus:

Begonnen haben wir damit aus finanziellen Gründen... wir wollten ein Haus kaufen. Als wir das Haus hatten, wollte Barbara aufhören zu arbeiten... sie wollte, daß ich wieder von 9 bis 5 arbeite. Das wollte ich nicht, weil es bedeutet hätte, daß ich die Kinder weniger sehen würde. Nach meiner Meinung hatte ich genauso ein Recht darauf, die Kinder zu sehen, wie sie. Wir haben uns dann geeinigt, daß wir uns die Betreuung der Kinder zeitmäßig ungefähr teilen. Ich möchte, daß das so bleibt.

Rollenteilung oder Rollentausch bringt Müttern und Vätern eindeutig Nutzen. Mütter berichten, ihre Selbstachtung sei gestiegen, seit sie wieder arbeiten können. Eine Mutter sagte: „Nachdem ich meine Arbeit wieder aufgenommen hatte, fing ich an, mich selbst mehr zu schätzen... Ich bin jetzt auch zufriedener." Desgleichen profitierten Väter. Väter, die ihre Kinder betreuen, berichten, daß sich ihre Beziehungen zu ihnen verbessern: „Ich glaube, ich habe an ihnen dadurch jetzt mehr Freude." – „Auch dadurch, daß ich jetzt die ganze Zeit mit ihnen zusammen bin, hat sich meine Beziehung zu ihnen gefestigt." – „Ich wurde viel mehr einbezogen, verstand sie viel besser und kam mit ihr viel besser zurecht."
Die Eltern in Russells Studie waren nicht der Ansicht, daß die Kinder unter diesem unorthodoxen Familienarrangement zu leiden hätten. Ein Vater sagt: „Unter Lukes [des Kindes] Blickwinkel betrachtet, scheint das überhaupt keine Schattenseite zu haben. Er hat sich gut angepaßt" (10).
Es liegen Informationen darüber vor, wie sich der Umstand, primär vom Vater betreut zu werden, auf Kinder auswirkt. Der Vater in Russells Studie hatte recht. Anscheinend gibt es keine negativen Effekte, wohl aber gibt es offenbar einige positive – für Eltern und Kinder. In den Vereinigten Staaten studierte Norma Radin Familien mit Kindern im Vorschulalter, die primär vom Vater betreut wurden. Der zeitliche Anteil dieser Väter an der Betreuung ihrer Kinder im Vorschulalter belief sich auf ungefähr 60 Prozent, bei traditionellen Vätern in Norma Radins Studie nur auf 22 Prozent (11). Was sind das für Männer, die die nicht-traditionelle Rolle des Betreuers übernehmen? Hinsichtlich ihrer Männlichkeit, über die sie sich selber äußerten, gab es zwischen den traditionellen und den nicht-traditionellen Vätern keinen Unterschied. Männer, die ihre Kinder aufzogen, waren genauso maskulin, bestimmend und dynamisch wie Männer, de-

ren Frauen die Primärverantwortung für die Kinderbetreuung trugen. Sowohl traditionelle als auch nicht-traditionelle Väter in dieser Studie waren in Elternhäusern mit traditionellen Vätern aufgewachsen. Allerdings kamen sowohl Mütter als auch Väter, die sich für besagte nicht-traditionelle Lösung entschieden hatten, aus Elternhäusern, wo die Mutter berufstätig war – ein Muster, das ihnen bei der Wahl der Organisationsform für ihre eigene Familie Entscheidungshilfe gegeben haben mag. Die Ehefrauen in diesen nicht-traditionellen Familien hatten Freude an der Interaktion mit ihren eigenen Vätern gehabt, obwohl ihre Väter in die Kindererziehung relativ wenig einbezogen waren.

Wenn Väter die primären Betreuer waren, zeigten Jungen und Mädchen mehr Innerlichkeit – einen stärkeren Glauben an die eigene Fähigkeit, ihr Geschick selbst in die Hand zu nehmen und selbst zu bestimmen, was aus ihnen wird – als Kinder in traditionellen Familien. Wie in Kapitel 5 bemerkt, ist diese Überzeugung, äußere Ereignisse kontrollieren zu können, für die spätere Leistung von Kindern von Bedeutung. Norma Radin sagt, daß „die Schöpfer neuer Rollen, zumal wenn sie sozialen Normen trotzen, sich selber als ihres Glückes Schmied betrachten“ (12) und ihrerseits ihren Kindern in der Entwicklung Vorbilder für Selbstbestimmung sein würden.

Nicht nur Jungen ziehen aus dem Einbezogensein ihres Vaters gewöhnlich Gewinn – auch Mädchen profitieren nach Norma Radins Feststellungen davon, wenn der Vater sehr stark in der Betreuung engagiert ist. Jungen und Mädchen, die primär von ihren Vätern erzogen wurden, erreichten in der Sprachbeherrschung mehr Punkte als die in traditionellen Familien aufwachsenden Kinder in dieser Studie. Väter, die ihre Kinder auf- und erzogen, erwarteten von ihren Söhnen *und* ihren Töchtern das Erreichen höherer Bildungs- und Berufsziele als traditionelle Väter von ihren Kindern. Und diese mächtig engagierten Väter arbeiteten intensiver auf die künftige Karriere ihrer Kinder als Ärzte und Rechtsanwälte hin, indem sie ihre kognitive Entwicklung mehr anregten. Besonders Mädchen kam das zugute. Die erziehenden Väter geben sich mit ihren Töchtern die größte Mühe, „vielleicht, um sexistischen Einflüssen entgegenzuwirken, denen sie in der größeren Gesellschaft ausgesetzt sein werden“ (13). Doch während sich die Väter in diesen nicht-traditionellen Familien immer mehr anstrengen, um ihre Kinder zu stimulieren, bieten die Mütter in diesen Familien weniger Stimulus als Mütter in traditionellen Familien. Somit bekommen die Kinder Anregungen von ihren Eltern in einer anderen Kombination.

Einige Entwicklungsbereiche wurden von diesem Rollentausch nicht beeinflußt. Zum Beispiel bleibt die Geschlechtsrollen-Identifikation der Kinder im Vorschulalter von dieser Familienstruktur unberührt. Eine Veränderung erfahren indessen manche Geschlechtsrollenerwartungen der Kinder im Hinblick darauf, wer Haushaltspflichten übernehmen soll, und das ist nicht verwunderlich. Gefragt, wer in der Regel so gebräuchliche Haushaltsgeräte wie Spülmaschine oder Staubsauger bediene, geben die Kinder in den Familien, wo der Papa die primäre Betreuungsperson ist, weniger klischeegeprägte Antworten.

Eltern, die die Rollen tauschen, sind eine sehr junge Erscheinung, und Beweise, die darauf hindeuten, daß es Kindern aus solchen Familien besser ergeht, sind nicht schlüssig. Solche Eltern mögen sich in anderen Beziehungen von Eltern mit traditioneller Rollenverteilung unterscheiden und könnten ihre Kinder unabhängig davon, welcher Elternteil zu Hause bei den Kindern blieb, anders beeinflußt haben. Wahrscheinlich ist indes, daß Eltern, die die Rollen tauschen, von dieser Wahl signifikant beeinflußt werden, und daß daher die nicht-traditionelle Umwelt, in der sich ihre Kinder entwickeln, zumindest teilweise für Unterschiede zwischen Kindern aus traditionellen und nicht-traditionellen Familien verantwortlich ist. Mit zunehmender Verbreitung neuer Rollenverteilungen in der Familie wird man diese Phänomene intensiver studieren und die Effekte des Rollentausches und anderer Neuerungen besser verstehen lernen.

Anscheinend halten nur wenige Paare die geteilte Kinderbetreuung durch. In einer ernüchternden Nachuntersuchung zwei Jahre nach seiner ersten australischen Studie stellte Graeme Russell fest, daß nur etwa ein Viertel der betreffenden Familien die Rollenteilung fortsetzte (14). Die kleine Zahl der Familien, die sich für diese Alternativlösung entscheiden und dann dabei bleiben, erklärt sich vielleicht aus mehreren Faktoren. Zum Beispiel werden Männer im allgemeinen immer noch besser bezahlt als Frauen, und so könnten es die meisten Familien für wirtschaftlich sinnvoller halten, daß der Vater der

Ernährer ist. Männer nehmen unter Umständen – zumal in inflationären Zeiten mit Arbeitsplatzknappheit – nicht einmal ihren genehmigten Urlaub, weil sie fürchten, es könnte ihren Job gefährden. In manchen Fällen, zum Beispiel, wenn eine Mutter ihr Kind stillt, läßt sich dieser Rollentausch in der Praxis nur schwer verwirklichen. Das Grundproblem jedoch könnte nach wie vor die Einstellung sein, wie James Levine betont: „Noch immer ist die Meinung weit verbreitet, es gehöre sich nicht, daß der Mann zu Hause hockt und die Kinder hütet" (15). Solange sich an dieser traditionellen Auffassung, welche Rollen Männer und Frauen in der Erziehung ihrer Kinder spielen können oder spielen sollten, nichts ändert, werden nur wenige Familien alternative Muster ausprobieren oder länger beibehalten.

Gesellschaftliche Unterstützung für väterliche Fürsorge

Mädchen haben Gelegenheiten und werden ermuntert zu lernen, „wie man bemuttert". Jungen dagegen bekommen nur wenige klare Informationen darüber, wie man „bevatert". Ein Forscher sieht das so:

> Bis sie selber Vater werden, lernen die meisten männlichen Wesen so gut wie nichts, was sie auch nur andeutungsweise auf diese Rolle vorbereiten würde. Als Kinder werden sie aktiv von Spielen mit Baby-Surrogaten abgehalten; wenn es sich nicht um den seltenen Fall einer großen Familie mit wenigen oder gar keinen älteren Schwestern handelt, brauchen sie bei der täglichen Betreuung junger Geschwister meist nicht viel mitzuhelfen. Kurzum, ein frischgebackener Vater hat kaum eine Ahnung, was von ihm erwartet wird, was er tun soll, und wie (16).

Wir müssen künftigen Vätern Gelegenheit geben, die für die väterliche Fürsorge erforderlichen Fertigkeiten zu erlernen und zu üben. Zum Glück leben weder Väter noch Mütter in einem sozialen Vakuum. Wie ich in diesem Buch immer wieder hervorgehoben habe, sollte man Familien als eine Struktur betrachten, die in einem größeren sozialen Gefüge von Verwandten, Freunden, Nachbarn und Institutionen existiert. Diese Individuen sind Gruppen außerhalb des engen Familienkreises und können eine wichtige Rolle spielen, indem sie Vätern Unterstützung geben und helfen, verständige und tüchtige Betreuer und Erzieher ihrer Kinder zu werden.

Schon 1925 hat sich die Parent-Teachers Association of America dafür ausgesprochen, daß die Erziehung zur Elternschaft in der Adoleszenz beginnen soll, in der High School. Heute gibt es in den Vereinigten Staaten viele Programme mit dem Ziel, Jungen und Mädchen auf den Tag vorzubereiten, an dem sie Eltern werden. In diesen Programmen werden künftige Väter und Mütter in Dingen unterwiesen wie Entwicklung des Kindes, Grundlagen der Kinderpflege, Wirtschaften als Familie, Einfluß von Kindern auf das soziale Leben der Eltern. Männliche Jugendliche können in solchen Kursen Betreuungsfertigkeiten erwerben und eine realistische Vorstellung von der Vaterschaft gewinnen. Allerdings belegen nur wenige Jungen diese Kurse. Vatersein ist für viele Jungen und junge Männer ein so fernliegender Gedanke, daß sie sich darüber nicht den Kopf zerbrechen.

Während der Schwangerschaft, wir sprachen darüber in Kapitel 2, steigt das Interesse für Fragen der Elternschaft, und wenn Männer mit ihren Frauen Vorbereitungskurse für Säuglingspflege besuchen, können sie sich auch dort informieren. Allerdings heißt es in einer Beurteilung der Vorbereitung nach Lamaze: „Viele Männer sagten, mit ihrem Training für die Niederkunft seien sie zufrieden, aber auf das, was danach kommt, fühlten sie sich völlig unvorbereitet“ (17). Diese Kurse leisten, was sie leisten sollen, das heißt, sie bereiten Väter und Mütter auf die Erfahrung der Geburt vor, aber sie beschäftigen sich wenig mit Fertigkeiten, die für die Pflege und Betreuung des Kindes nach der Geburt erforderlich sind.

Besser wäre für die Unterweisung in väterlicher Fürsorge vielleicht ein Zeitpunkt unmittelbar nach der Entbindung, noch während des Klinikaufenthalts der Mutter, da der Vater dann für solche Dinge sowohl zugänglich als auch stark motiviert sein könnte. Neueres Material aus Studien in Schweden und in den Vereinigten Staaten deutet darauf hin, daß Männer in dieser Periode eine Menge über väterliche Fürsorge lernen können. In Schweden ließ John Lind Väter ihre Babys füttern, ausziehen und trockenlegen, solange sie noch in der Klinik waren. Diese Lernmöglichkeit bewährte sich: Die Väter kümmerten sich drei Monate später mehr um die Pflege des Säuglings und um den Haushalt als Väter, die ihre Babys in der Klinik nicht betreut hatten (18).

Meine Kollegen und ich haben kürzlich etwas Ähnliches in den Vereinigten Staaten versucht (19). Wir führten Vätern bald nach der Geburt ihrer Babys – Mutter und Kind waren noch in der Klinik – ein Video-Band über väterliche Fürsorge vor, das über die Wahrnehmungsfähigkeit und Sozialkompetenz des Neugeborenen, über Spieltechniken und über Pflege- und Betreuungsfertigkeiten informierte. Dann beobachteten wir Väter, die das Band gesehen, und solche, die es nicht gesehen hatten, beim Füttern ihrer Babys und beim Spielen mit ihnen. Wir fragten sie auch nach ihren Einstellungen zur Kinderpflege und nach ihren Kenntnissen über frühkindliche Entwicklung. Drei Monate später kontrollierten wir, wie oft sie daheim ihre Babys fütterten und wickelten. Die Männer, die das Band gesehen hatten, wußten mehr über das Wahrnehmungsvermögen von Säuglingen, sie reagierten einfühlsamer auf die Bedürfnisse ihrer Babys beim Füttern und beim Spielen, und sie fütterten und wickelten ihre Babys mit drei Monaten öfter als Väter, die das Band nicht gesehen hatten. Allerdings bewirkte der Anschauungsunterricht mit diesem Band nur dann ein erhöhtes praktisches Engagement der Väter, wenn ihre Babys Jungen waren; Väter von Mädchen blieben unbeeinflußt. Dieser Selektiveffekt ist wie ein Echo früherer Befunde, daß Väter sich betreuerisch mehr um Söhne als um Mädchen kümmern.

Wie man ein aktiv teilnehmender, engagierter Vater wird, läßt sich nicht nur in dieser frühen Periode gleich nach der Geburt des Babys erlernen, sondern sehr wohl zu verschiedenen Zeitpunkten. Zudem brauchen Männer auch zu verschiedenen Zeiten Unterstützung. Manche Väter mögen sich gut auf frühe Betreuungsaufgaben wie Füttern und Trockenlegen verstehen, wissen aber vielleicht nicht, wie sie mit ihrem aktiven zweijährigen Kind spielen sollen. Andere werden sich in ihrem Element fühlen, wenn die Kinder alt genug sind für Mathematik-Probleme und Fußball, haben aber Schwierigkeiten, wenn ihr Neugeborenes mitten in der Nacht gefüttert werden möchte. Für Eltern, die keinen eigenen Nachwuchs haben, sondern ein Kind adoptieren, beginnt die Praxis der elterlichen Betreuung vielleicht erst später, zum Beispiel, wenn das Kind bei der Adoption drei Monate oder drei Jahre alt ist. Es gibt keine klaren Beweise, daß die Pe-

riode unmittelbar nach der Geburt in irgendeiner Hinsicht „entscheidende“ Bedeutung dafür hat, daß Männer väterliche Fürsorge lernen oder daß sie eine emotionale Bindung an ihre Babys entwickeln. Väter und Mütter können neue Fertigkeiten erwerben, das zeigt auch eine neuere Studie von Jane Dickie und Sharon Carnahan (20). Die beiden Forscherinnen wählten 19 Familien aus, die mehr über ihre vier bis elf Monate alten Babys wissen wollten. Zehn Familien – Mütter und Väter – besuchten acht Wochenkurse und lernten dort, wie man Babysignale angemessen deutet und beantwortet. Im Mittelpunkt standen Unterschiede im Temperament von Babys. Die übrigen neun Familien wurden nicht geschult. Um die Wirksamkeit des Trainings einzuschätzen, beobachteten die Forscherinnen Mutter, Vater und Baby zu Hause. Am meisten waren die Väter beeinflußt worden: Sie verstärkten ihre Interaktion mit ihren Babys. Die Mütter, die an den Übungen teilgenommen hatten, verringerten ihre Interaktionen mit ihren Babys. Vielleicht steigt bei Müttern mit zunehmender Kompetenz der Väter die Bereitschaft, ihren Gatten manche Aufgaben in der Kindererziehung zu übertragen. Diese „trainierten“ Eltern – Mütter und Väter – wurden insgesamt für tüchtiger befunden als die untrainierten Eltern. Und zwar nicht nur von den Beobachterinnen. Auch die trainierten Mütter und Väter hielten ihre Ehepartner für kompetenter als die untrainierten die ihren. Im Gegensatz zu den untrainierten Vätern berührten, hielten und betrachteten die trainierten Väter ihre Babys mehr und reagierten auch öfter auf das Verhalten des Babys mit Lächeln und Sprechen. Den Babys gefiel das neue Können ihrer trainierten Eltern offenbar: Sie suchten am meisten die Interaktion mit den trainierten Vätern, am wenigsten mit den untrainierten. Mütter wurden von ihren Babys für Spielen und Interaktion in den untrainierten Familien stärker beansprucht als in den trainierten Familien – zum Teil, weil die Babys in trainierten Familien sehr viel Aufmerksamkeit ihren Vätern widmeten. Auch die Babys profitierten von dem elterlichen Training; in Bewertungen wurden sie als reaktionsfähiger eingestuft als Babys von Familien, die nicht geschult worden waren.
In einer anderen Studie haben Philip Zelazo und seine Kollegen unlängst gezeigt, daß sich die Geschicklichkeit des Vaters als Kinderbetreuer auch in Familien steigern läßt, wo Väter sehr wenig spielen

oder betreuen (21). Sie wählten 20 Väter mit einjährigen Söhnen aus und gaben 12 von diesen Vätern „Nachhilfeunterricht" durch Demonstrieren von Spielen, Spielsachen und Spielstrategien, die sie in den Interaktionen mit ihren Babys verwenden konnten. Nach der Unterweisung spielten die Väter daheim vier Wochen lang täglich eine halbe Stunde mit ihren Babys. Die übrigen acht Väter wurden nicht geschult. Die Babys, deren Väter neue Spielfertigkeiten erworben und praktiziert hatten, zeigten mehr Interesse für ihre Väter als die anderen Babys. Zudem schauten die Babys der geschulten Väter diese öfter an und leiteten häufiger von sich aus ein Spiel ein. Durch Verbessern der Interaktionsfertigkeiten der Väter schien also die Beziehung zwischen Vater und Baby enger zu werden.

Alles in allem legen diese Interventionsbemühungen den Schluß nahe, daß Geschicklichkeit in der väterlichen Fürsorge erlernbar ist und vom Vater zu verschiedenen Zeiten in seinem Leben erworben werden kann. Ein tüchtiger väterlicher Betreuer zu werden ist ein Lernprozeß, der weitergeht, da sich die Bedürfnisse des Kindes in der Entwicklung wandeln und vom Vater immer wieder neue Fertigkeiten verlangen. Man hat gerade erst begonnen zu erforschen, wie Vätern (und Müttern) dabei geholfen werden kann.

Den „Durchschnittsvater" gibt es nicht. Familienorganisation und Geschlechtsrollen ändern sich in unserer Gesellschaft rasch, und väterliche Fürsorge wird heute nicht mehr starr oder eng definiert. Viele der in diesem Buch vorgetragenen Fakten stammen aus Studien über traditionelle Familien, in denen der Vater der Ernährer ist und die Mutter die Kinder betreut. Aber ich habe auch Material über Familien unterbreitet, die den Übergang der Gesellschaft zu neuen Formen erkennen lassen – Familien, in denen Väter sich an der Kinderbetreuung beteiligen oder mit ihren Frauen gar die Rollen tauschen, und Familien mit dem Vater oder der Mutter als einzigem präsentem Elternteil. Dieses Buch skizziert eine fortschreitende Entwicklung und berichtet, was wir heute darüber wissen, wie Väter handeln und ihre Kinder beeinflussen.

Eines ist klar: Väter sind zweifellos fähig, Kinder zu betreuen, und zwar auch ganz junge Babys. Sie sind nicht bloß Ersatzmütter. Was die elterliche Betreuung betrifft, haben Mütter und Väter verschiedene, charakteristische Stile. Väter neigen dazu, in der ihnen zur Verfügung stehenden Zeit mehr und anders mit ihren Kindern zu spielen als Mütter. Ihr physischer, robuster Stil kontrastiert mit dem verbalen, ruhigen Stil von Müttern und ergänzt ihn zugleich. Für Kinder ist diese Vielfalt der Erfahrungen von Vorteil. Aber die Muster sind nicht ein für allemal festgelegt und werden sich wahrscheinlich weiterentwickeln, da sich die sozialen und beruflichen Rollen für Männer und Frauen verändern.

Väter und Familien existieren nicht isoliert. Sie sind Teil größerer kommunaler Gemeinschaften und Kulturen, und die Unterstützung, die sie von Freunden, Verwandten, Nachbarn und Institutionen erhalten, ist wichtig. Ich habe Anpassungen erwähnt, die die Gesellschaft zum Beispiel in der Arbeitswelt vornehmen kann, damit väterliche Betreuung in größerem Umfang möglich wird und mehr Freude bereitet. Auch Einrichtungen wie Kliniken und Schulen können dazu beitragen, daß Väter lernen, tüchtige Mit- bzw. Alleinbetreuer ihrer Kinder zu werden; auch stehen solche Institutionen Familien in Problemsituationen mit Rat und Tat zur Seite.

Eines jedenfalls sind Väter nicht mehr, wenn sie es überhaupt jemals waren – nur eine biologische Notwendigkeit, ein sozialer Zufall. Sie üben einen bedeutenden Einfluß auf die Entwicklung ihrer Kinder aus. Eine enge Beziehung zwischen Vater und Kind kommt dem einen wie dem anderen zugute. Kinder brauchen ihre Väter, aber Väter brauchen auch ihre Kinder.

Anmerkungen und Literatur

Zu Kapitel 1

1. R. R. Sears, E. E. Maccoby, und H. Levin, *Patterns of Child Rearing* (Evanston, Ill.: Row, Peterson, 1956); J. M. W. Whiting und I. L. Child, *Child Training and Personality* (New Haven: Yale University Press, 1953).
2. M. Ribble, *Rights of Infants* (New York: Columbia University Press, 1943); R. A. Spitz, 'Hospitalism: An Inquiry into the Genesis of Psychiatric Conditions in Childhood', *Psychoanalytic Study of the Child,* 1945, I, 53–74. Eine Übersicht über diese frühen Studien gibt L. J. Yarrow, 'Separation from Parents during Early Childhood', in M. L. Hoffman and L. W. Hoffman, Hrsg., *Review of Child Development Research,* I (New York: Russell Sage Foundation, 1964).
3. J. Bowlby, *Maternal Care and Mental Health* (Geneva: World Health Organization, 1951); J. Bowlby, *Attachment and Loss, I. Attachment* (New York: Basic Books, 1969).
4. D. B. Lynn, *The Father: His Role in Child Development* (Monterey: Brooks Cole, 1974).
5. M. M. West und M. J. Konner, 'The Role of the Father: An Anthropological Perspective', in M. Lamb, Hrsg., *The Role of the Father in Child Development* (New York: Wiley, 1976).
6. I. DeVore, 'Mother-Infant Relations in Free Ranging Baboons', in H. L. Rheingold, Hrsg., *Maternal Behavior in Mammals* (New York: Wiley, 1963).
7. A. Chamove, H. J. Harlow, und G. D. Mitchell, 'Sex Differences in the Infant-Directed Behavior of Preadolescent Rhesus Monkeys', *Child Development,* 1967, 38, 329–335.
8. G. D. Mitchell, 'Paternalistic Behavior in Primates', *Psychological Bulletin,* 1969, 71, 399–417; G. D. Mitchell, W. K. Redican, und J. Gomber, 'Males Can Raise Babies', *Psychology Today,* 1974, 7, 63–67; W. K. Redican, 'Adult Male-Infant Interactions in Non-Human Primates', in Lamb, Hrsg., *The Role of the Father in Child Development;* R. D. Parke und S. J. Suomi. 'Adult Male-Infant Relationships: Human and Nonhuman Primate Evidence', in K. Immelman, G. Barlow, M. Main und L. Petrinovitch, Hrsg., *Behavioral Development: The Bielefeld Interdisciplinary Project* (New York: Cambridge University Press, im Druck).
9. J. S. Rosenblatt, 'The Development of Maternal Responsiveness in the Rat', *American Journal of Orthopsychiatry,* 1969, *39*, 36–56.
10. M. Kotelchuck, 'The Infant's Relationship to the Father: Experimental Evidence', in Lamb, Hrsg., *The Role of the Father in Child Development.*

11. M. P. M. Richards, J. F. Dunn, und B. Antonis, 'Caretaking in the First Year of Life: The Role of Fathers and Mothers' Social Isolation', *Child: Care, Health and Development,* 1977, *3*, 23–26.
12. A. Szalai, Hrsg., *The Use of Time: Daily Activities of Urban and Suburban Populations in Twelve Countries* (The Hague: Mouton, 1972).
13. Siehe L. W. Hoffman, 'Effects of Maternal Employment on the Child – A Review of the Research', *Developmental Psychology,* 1974, *10*, 204–228.
14. F. A. Pedersen, B. J. Anderson, und R. L. Cain, 'An Approach to Understanding Linkages between the Parent-Infant and Spouse Relationships' (Vortrag vor der Society for Research in Child Development, New Orleans, März 1977).
15. Ibid.
16. Siehe U. Bronfenbrenner, *The Ecology of Human Development* (Cambridge: Harvard University Press, 1979).
17. M. Green, *Fathering* (New York: McGraw-Hill, 1976).

Zu Kapitel 2

1. P. M. Shereshefsky und L. J. Yarrow, *Psychological Aspects of a First Pregnancy and Early Postnatal Adaptation* (New York: Raven Press, 1973).
2. D. R. Entwisle und S. G. Doering, *The First Birth* (Baltimore: Johns Hopkins University Press).
3. S. J. Bittman und S. R. Zalk, *Expectant Fathers* (New York: Hawthorn Books, 1978).
4. J. Cain, 'The Couvade or "Hatching"', *The Indian Antiquary 1874, 3*, 151, zitiert in J. H. Wapner, 'An Empirical Approach to the Attitudes, Feelings and Behaviors of Expectant Fathers' (Dissertation zur Erlangung des Grades eines Doktors der Philosophie, Northwestern University, 1975).
5. W. H. Trethowan und M. F. Conolon, 'The Couvade Syndrome', *British Journal of Psychiatry,* 1965, *111*, 57–66; B. Leibenberg, 'Expectant Fathers', *American Journal of Orthopsychiatry,* 1967, *37*, 358–359; B. Liebenberg, 'Expectant Fathers', *Child and Family,* 1969, *8*, 265–277.
6. Bittman und Zalk, *Expectant Fathers.*
7. Entwisle und Doering, *The First Birth.*
8. W. Masters und V. Johnson, *Human Sexual Response* (Boston: Little, Brown, 1966).
9. H. L. Rausch, W. A. Barry, R. K. Hertel, und M. A. Swain, *Communication, Conflict and Marriage* (San Francisco: Jossey Bass, 1974).
10. J. D. Gladieux, 'Pregnancy – The Transition to Parenthood: Satisfaction with the Pregnancy Experience as a Function of Sex-Role Conceptions, Marital Relationship and Social Network', in W. B. Miller und L. F.

Newman, Hrsg., *The First Child and Family Formation* (Chapel Hill, N. C.: Carolina Population Center, 1978).
11. Ibid., S. 292.
12. Bittman und Zalk, *Expectant Fathers,* S. 166.
13. F. K. Grossman et al., *Pregnancy, Birth, and Parenthood* (San Francisco: Jossey Bass, 1980).
14. Entwisle und Doering, *The First Birth.*
15. C. Legg, I. Sherick, und W. Wadland, 'Reaction of Preschool Children to the Birth of a Sibling', *Child Psychiatry and Human Development,* 1974, *5*, 3–39.
16. A. L. Baldwin, 'Changes in Parent Behavior during Pregnancy: An Experiment in Longitudinal Analysis', *Child Development,* 1947, *18*, 29–39.
17. C. R. Philips und J. T. Anzalone, *Fathering: Participation in Labor and Birth* (St. Louis: Mosby, 1978).
18. Ibid., S. 46–47.
19. R. Fein, 'Men's Experiences before and after the Birth of a First Child' (Dissertation zur Erlangung des Grades eines Doktors der Philosophie, Harvard University, 1974).
20. W. J. Henneborn und R. Cogan, 'The Effect of Husband Participation in Reported Pain and the Probability of Medication during Labor and Birth', *Journal of Psychosomatic Research,* 1975, *19*, 215–222.
21. Entwisle und Doering, *The First Birth.*
22. Ibid.
23. Ibid.
24. M. Levine und R. Block, unveröffentlichte Studie, zitiert von J. C. McCullagh, *Baby Talk,* Juni 1980, S. 3.
25. M. Gainer und P. Van Bonn, 'Two Factors Affecting the Caesarean Section Delivered Mother: Father's Presence at the Delivery and Postpartum Teaching' (Master's thesis, University of Michigan School of Nursing, 1977).
26. F. A. Pedersen, M. T. Zaslow, R. L. Cain, und B. J. Anderson, 'Caesarean Birth: The Importance of a Family Perspective' (Vortrag vor der International Conference on Infant Studies, New Haven, Conn., April 1980).
27. J. Lind, 'Observations after Delivery of Communications between Mother-Infant-Father' (Vortrag vor dem International Congress of Pediatrics, Buenos Aires, Oktober 1974).

Zu Kapitel 3

1. M. Greenberg und N. Morris, 'Engrossment: The Newborn's Impact upon the Father', *American Journal of Orthopsychiatry,* 1974, *44*, 526.

2. R. D. Parke und S. E. O'Leary, 'Father-Mother-Infant Interaction in the Newborn Period: Some Findings, Some Observations and Some Unresolved Issues', in K. Riegel und J. Meacham, Hrsg., *The Developing Individual in a Changing World, II, Social and Environmental Issues* (The Hague: Mouton, 1976).
3. D. Phillips und R. D. Parke, 'Father and Mother Speech to Prelinguistic Infants' (unveröffentlichtes Manuskript, University of Illinois, 1979).
4. J. Sachs, 'The Adaptive Significance of Linguistic Input to Prelinguistic Infants', in C. E. Snow und C. A. Ferguson, Hrsg., *Talking to Children* (Cambridge: Cambridge University Press, 1977).
5. S. L. Bem, 'The Measurement of Psychological Androgyny', *Journal of Consulting and Clinical Psychology,* 1974, *42*, 155–162.
6. S. S. Feldman und S. C. Nash, 'Sex Differences in Responsiveness to Babies among Mature Adults', *Developmental Psychology,* 1979, *15*, 430–436.
7. A. M. Frodi, M. E. Lamb, L. A. Leavitt, und W. L. Donovan, 'Fathers' and Mothers' Responses to Infant Smiles and Cries', *Infant Behaviour and Development,* 1978, *1*, 197.
8. A. M. Frodi, M. E. Lamb, L. A. Leavitt, W. L. Donovan, C. Neff, und D. Sherry, 'Fathers' and Mothers' Responses to the Faces and Cries of Normal and Premature Infants', *Developmental Psychology,* 1978, *14*, 490–498.
9. P. H. Wolff, 'The Natural History of Crying and Other Vocalizations in Early Infancy', in B. Foss, Hrsg., *Determinants of Infant Behaviour, IV* (London: Methuen, 1969); O. Wasz-Hockert, J. Lind, V. Vuorenkoski, T. Partanen, und E. Valanne, *The Infant Cry: A Spectrographic and Auditory Analysis* (Suffolk: Lavenham Press, 1968).
10. R. D. Parke und D. B. Sawin, 'Infant Characteristics and Behavior as Elicitors of Maternal and Paternal Responsivity in the Newborn Period' (Vortrag auf dem Biennial Meeting der Society for Research in Child Development, Denver, April 1975); R. D. Parke und D. B. Sawin, 'The Father's Role in Infancy: A Re-evaluation', *The Family Coordinator,* 1976, *25*, 365–371.
11. R. D. Parke und D. B. Sawin, 'The Family in Early Infancy: Social Interactional and Attitudinal Analyses', in F. A. Pedersen, Hrsg., *The Father-Infant Relationship: Observational Studies in the Family Setting* (New York: Praeger, 1980).
12. C. P. Cowan, P. A. Cowan, L. Coie, und J. D. Coie, 'Becoming a Family: The Impact of a First Child's Birth on the Couple's Relationship', in W. B. Miller und L. F. Newman, Hrsg., *The First Child and Family Formation* (Chapel Hill, N. C.: Carolina Population Centre, 1978).
13. M. Kotelchuck, 'The Infant's Relationship to the Father: Experimental Evidence', in M. E. Lamb, Hrsg., *The Role of the Father in Child Development* (New York: Wiley, 1976); M. P. M. Richards, J. F. Dunn, und B.

Antonis, 'Caretaking in the First Year of Life: The Role of Fathers, and Mothers' Social Isolation', *Child: Care, Health and Development,* 1977, *3*, 23–26.

14. J. T. Hawthorne, M. P. M. Richards, und M. Callon, 'A Study of Parental Visiting of Babies in a Special Care Unit', in F. S. W. Brimblecombe, M. P. M. Richards, und N. R. C. Robertson, Hrsg., *Early Separation and Special Care Nurseries* (London: Heinemann Medical Books, 1978); M. W. Yogman, 'Development of the Father-Infant Relationship', in H. Fitzgerald, B. Lester, und M. W. Yogman, Hrsg., *Theory and Research in Behavioral Pediatrics, I* (New York: Plenum Press).
15. J. V. Brown und R. Bakeman, 'Relationships of Human Mothers with Their Infants during the First Year of Life: Effects of Prematurity', in R. W. Bell und W. P. Smotherman, Hrsg., *Maternal Influences and Early Behavior* (Holliswood, N. Y.: Spectrum, 1979); S. Goldberg, 'Premature Birth: Consequences for the Parent-Infant Relationship', *American Scientist,* 1980, *67*, 214–220.
16. K. Minde, S. Trehub, C. Corter, C. Boukydis, B. Celhoffer, und P. Marton, 'Mother-Child Relationships in the Premature Nursery: An Observational Study' (unveröffentlichtes Manuskript, Department of Psychiatry, The Hospital for Sick Children, Toronto, Canada, 1977).
17. G. Russell, 'The Father Role and Its Relation to Masculinity, Femininity and Androgyny', *Child Development,* 1978, *49,* 1174–1181.
18. Parke und Sawin, 'Infant Characteristics and Behavior as Elicitors of Maternal and Paternal Responsivity'; Parke und Sawin 'The Father's Role in Infancy'.
19. G. Russell, 'Fathers as Caregivers: Possible Antecedents and Consequences', (Vortrag vor einer Studiengruppe über Fathers and Social Policy, University of Haifa, Israel, 15.–17. Juli 1980).
20. F. A. Pedersen, R. Cain, M. Zaslow, und B. Anderson, 'Variation in Infant Experience Associated with Alternative Family Organization' (Vortrag auf der International Conference on Infant Studies, New Haven, Conn., April 1980); D. Entwisle und S. Doering, *The First Birth* (Baltimore: Johns Hopkins University Press, 1980).
21. R. Schaffer, *Mothering* (London: Fontana Paperbacks, 1977, S. 43); deutsch: *Mütterliche Fürsorge in den ersten Lebensjahren* (Stuttgart: Klett-Cotta [2]1982, S. 48f.)
22. Kotelchuck, 'The Infant's Relationship to the Father.'
23. Richards, Dunn, und Antonis, 'Caretaking in the First Year of Life'; M. E. Lamb, 'Father-Infant and Mother-Infant Interaction in the First Year of Life', *Child Development,* 1977, *48,* 167–181.
24. Pedersen, Cain, Zaslow, und Anderson, 'Variation in Infant Experience Associated with Alternative Family Organization'.
25. M. Yogman, S. Dixon, E. Tronick, H. Als, und T. B. Brazelton, 'The Goals and Structure of Face-to-Face Interaction between Infants and

Fathers' (Vortrag auf dem Biennial Meeting der Society for Research in Child Development, New Orleans, März 1977).
26. T. B. Brazelton, 'Behavioral Competence of the Newborn Infant', *Seminars in Perinatology,* 1979, *3,* 42.
27. J. Bruner, 'Early Social Interaction and Language Acquisition', in H. R. Schaffer, Hrsg., *Studies in Mother-Infant Interaction* (London 1977).
28. T. G. Power und R. D. Parke, 'Play as a Context for Early Learning: Lab and Home Analysis', in I. E. Sigel und L. M. Laosa, Hrsg., *The Family as a Learning Environment* (New York: Plenum).
29. Siehe Lamb, 'Father-Infant and Mother-Infant Interaction'; M. E. Lamb, 'The Development of Mother-Infant Attachments in the Second Year of Life', *Developmental Psychology,* 1977, *13,* 637–649; M. E. Lamb, 'The Father's Role in the Infant's Social World', in J. H. Stevens und M. Mathews, Hrsg., *Mother-Child, Father-Child Relationships* (Washington, D. C.: National Association for the Education of Young Children, 1978); K. A. Clarke-Stewart, 'The Father's Contribution to Children's Cognitive and Social Development in Early Childhood', in Pedersen, Hrsg., *The Father-Infant Relationship.*
30. T. Field, 'Interaction Behaviors of Primary versus Secondary Caretaker Fathers', *Developmental Psychology,* 1978, *14,* 183–185.
31. Pedersen, Cain, Zaslow, und Anderson, 'Variation in Infant Experience Associated with Alternative Family Organization'.
32. Clarke-Stewart, 'The Father's Contribution to Children's Cognitive and Social Development'; K. A. Clarke-Stewart, 'And Daddy Makes Three: The Father's Impact on Mother and Young Child', *Child Development,* 1978, *49,* 466–478; D. B. Lynn und A. R. Cross, 'Parent Preference of Preschool Children, *Journal of Marriage and the Family,* 1974, *36,* 555–559.
33. L. W. Hoffman, 'Changes in Family Roles, Socialization, and Sex Differences', *American Psychologist, 1977, 32,* 644–658.
34. Parke und O'Leary, 'Father-Mother-Infant Interaction in the Newborn Period'; Parke und Sawin, 'Infant Characteristics and Behavior as Elicitors of Maternal and Paternal Responsivity'; E. B. Thoman, P. H. Leiderman, und J. P. Olson, 'Neonate-Mother Interaction during Breast Feeding', *Developmental Psychology, 1972, 6,* 110–118; E. B. Thoman, C. Barnett, und P. H. Leiderman, 'Feeding Behaviors of Newborn Infants as a Function of Parity of the Mother', *Child Development,* 1971, *42,* 1471–1483.
35. R. D. Parke und D. B. Sawin, 'The Family in Early Infancy'.
36. Kotelchuck, 'The Infant's Relationship to the Father'; Power und Parke, 'Play as a Context for Early Learning'.
37. J. Rubin, F. J. Provenzano und Z. Luria, 'The Eye of the Beholder: Parent's Views on Sex of Newborns', *American Journal of Orthopsychiatry,* 1974, *43,* 720–731.

38. H. B. Gewirtz, und J. L. Gewirtz, 'Visiting and Caretaking Patterns for Kibbutz Infants: Age and Sex Trends', *American Journal of Orthopsychiatry,* 1968, *38,* 427–443; M. M. West und M. J. Konner, 'The Role of the Father: An Anthropological Perspective', in Lamb, Hrsg., *The Role of the Father in Child Development.*
39. W. K. Redican, 'Adult Male-Infant Interactions in Nonhuman Primates', in Lamb, Hrsg., *The Role of the Father in Child Development,* S. 345–385.

Zu Kapitel 4

1. R. Schaffer, *Mothering* (Cambridge: Harvard University Press, 1977), S. 98; deutsch (siehe Anm. 21 zu Kap. 3) S. 118.
2. A. Macfarlane, 'Olfaction in the Development of Social Preferences in the Human Neonate', in *Parent-Infant Interaction* (Amsterdam: CIBA Foundation Symposium 33, new series, Associated Scientific Publishers, 1975).
3. H. R. Schaffer und P. E. Emerson, 'The Development of Social Attachments in Infancy', *Monographs of the Society for Research in Child Development,* 1964, *29,* no. 3 (serial no. 94).
4. F. A. Pedersen und K. S. Robson, 'Father Participation in Infancy', *American Journal of Orthopsychiatry*, 1969, *39*, 466–472.
5. M. Kotelchuck, 'The Infant's Relationship to the Father: Experimental Evidence', in M. E. Lamb, Hrsg., *The Role of the Father in Child Development* (New York: Wiley, 1976).
6. M. E. Lamb, 'Father-Infant and Mother-Infant Interaction in the First Year of Life', *Child-Development,* 1977, *48,* 167–181.
7. Siehe R. D. Parke, 'Parent-Infant Interaction: Progress, Paradigms and Problems', in G. P. Sackett, Hrsg., *Observing Behavior, I, Theory and Applications in Mental Retardation* (Baltimore: University Park Press, 1978).
8. E. Rendina und J. D. Dickerscheid, 'Father Involvement with First-Born Infants', *Family Coordinator,* 1976, *25,* 373–379; A. M. Frodi, M. E. Lamb, M. Frodi, C. P. Hwang, B. Forsström, und T. Corry, 'Stability and Change in Parental Attitudes Following an Infant's Birth into Traditional and Nontraditional Swedish families' (unveröffentlichtes Manuskript, University of Michigan, 1980).
9. F. A. Pedersen, J. Rubinstein, und L. J. Yarrow, 'Infant Development in Father-Absent Families', *Journal of Genetic Psychology,* 1979, *135,* 51–61.
10. K. A. Clarke-Stewart, 'The Father's Contribution to Children's Cognitive and Social Development in Early Childhood', in F. A. Pedersen, Hrsg., *The Father-Infant Relationship: Observational Studies in the Family Setting* (New York: Praeger, 1980).

11. M. Main und D. R. Weston, 'The Independence of Infant-Mother and Infant-Father Attachment Relationships: Security of Attachment Characterizes Relationships, not Infants' (unveröffentlichtes Manuskript, University of California, Berkeley, 1980).
12. Betr. einer Erörterung dieser Frage siehe M. D. Ainsworth, 'The Development of Infant-Mother Attachment', in B. M. Caldwell und H. N. Ricciuti, Hrsg., *Review of Child Development Research, III* (Chicago: University of Chicago Press, 1973).
13. E. Waters, J. Wippman, und L. A. Sroufe, 'Attachment, Positive Affect, and Competence in the Peer Group: Two Studies in Construct Validation', *Child Development,* 1979, *50,* 821–829.
14. L. M. Stolz, *Father Relations of War-Born Children: The Effect of Postwar Adjustment of Fathers on the Behavior and Personality of First Children Born While the Fathers were at War* (Stanford: Stanford University Press, 1954); D. B. Lynn und W. L. Sawrey, 'The Effects of Father Absence on Norwegian Boys and Girls', *Journal of Abnormal and Social Psychology,* 1959, *59,* 258–262.
15. E. M. Hetherington. 'Effects of Paternal Absence on Sex-Typed Behaviours in Negro and White Preadolescent Males', *Journal of Personality and Social Psychology,* 1966, *4,* 87–91.
16. B. Miller, *Paternal Deprivation* (Lexington, Mass.: D. C. Heath, 1974); E. M. Hetherington und J. Deur, 'The Effects of Father Absence on Child Development', in W. W. Hartup, Hrsg., *The Young Child, II* (Washington, D. C.: National Association for the Education of Young Children, 1972).
17. J. W. Santrock, 'Relation of Type and Onset of Father-Absence on Cognitive Development', *Child Development,* 1972, *43,* 455–469.
18. M. M. Johnson, 'Sex Role Learning in the Nuclear Family', *Child Development,* 1963, *34,* 315–333; E. M. Hetherington, 'Effects of Father Absence on Personality Development in Adolescent Daughters', *Developmental Psychology,* 1972, *7,* 313–326.
19. F. A. Pedersen, 'Does Research on Children Reared in Father-Absent Families Yield Information on Father Influence?', *The Family Coordinator,* 1976, *25,* 459–464.
20. E. M. Hetherington, 'A Developmental Study of the Effects of Sex of the Dominant Parent on Sex Role Preference, Identification and Imitation in Children', *Journal of Personality and Social Psychology,* 1965, *2,* 188–194.
21. S. F. Fisher, *The Female Orgasm: Psychology, Physiology, Fantasy* (New York: Basic Books, 1973).
22. J. H. Langlois und A. C. Downs, 'Mothers and Peers as Socialization Agents of Sex-Typed Play Behaviors in Young Children' (unveröffentlichtes Manuskript, University of Texas, Austin, 1980); A. C. Downs und J. H. Langlois, 'Fathers as Socialization Agents of Sex-Typed Play

Behaviors in Young Children' (unveröffentlichtes Manuskript, University of Texas, Austin, 1980).
23. R. D. Parke und D. B. Sawin, 'Children's Privacy in the Home: Developmental, Ecological, and Child-Rearing Determinants', *Environment and Behavior,* 1979, *11,* 87–104.

Zu Kapitel 5

1. L. J. Yarrow, J. L. Rubinstein, und F. A. Pedersen, *Infant and Environment: Early Cognitive and Motivational Development* (New York: Halsted Press, 1975), S. 86.
2. C. S. Dweck, 'Achievement', in M. E. Lamb, Hrsg., *Social and Personality Development* (New York: Holt, Rinehart and Winston, 1978).
3. F. A. Pedersen, J. L. Rubinstein, und L. J. Yarrow, 'Infant Development in Father-Absent Families', *Journal of Genetic Psychology,* 1979, *135,* 51–61.
4. Ibid., S. 60.
5. K. A. Clarke-Stewart, 'And Daddy Makes Three: The Father's Impact on Mother and Young Child', *Child Development,* 1978, *49,* 466–478; und K. A. Clarke-Stewart, 'The Father's Contribution to Children's Cognitive and Social Development in Early Childhood', in F. A. Pedersen, Hrsg., *The Father-Infant Relationship: Observational Studies in the Family Setting* (New York: Praeger Publishers, 1980).
6. B. L. White, B. Kaban, B. Shapiro, und J. Attonucci, 'Competence and Experience', in I. C. Uzgiris und F. Weizmann, Hrsg., *The Structuring of Experience* (New York: Plenum Press, 1976), S. 150–151.
7. L. W. Hoffman, 'Changes in Family Roles, Socialization, and Sex Differences', *American Psychologist,* 1977, *32*, 649.
8. R. W. Blanchard und H. B. Biller, 'Father Availability and Academic Performance among Third Grade Boys', *Developmental Psychology, 1971, 4,* 301–305; H. B. Biller, *Father, Child and Sex Role* (Lexington, Mass.: D. C. Heath, 1971), S. 59.
9. M. Shinn, 'Father Absence and Children's Cognitive Development', *Psychological Bulletin,* 1978, *85,* 295–324.
10. P. H. Leiderman und G. F. Leiderman, 'Familial Infant Development in an East African Agricultural Community', in E. J. Anthony und C. Koupernik, Hrsg., *The Child in His Family: Children at Psychiatric Risk, III* (New York: John Wiley and Sons, 1974); R. B. Zajonc, 'Family Configuration and Intelligence', *Science*, 1976, *192*, 227–236.
11. N. Radin, 'The Role of the Father in Cognitive, Academic, and Intellectual Development', in M. E. Lamb, Hrsg., *The Role of the Father in Child Development* (New York: Wiley, 1976).
12. M. P. Honzik, 'Environmental Correlates of Mental Growth: Prediction

from the Family Setting at Twelve Months', *Child Development,* 1967, *38*, 337–364; Radin, 'The Role of the Father in Cognitive, Academic, and Intellectual Development', S. 259.
13. J. H. Block, 'Another Look at Sex Differentiation in the Socialization Behaviours of Mothers and Fathers', in *Psychology of Women: Future Directions of Research* (New York: Psychological Dimensions, 1979), S. 25.
14. Hoffman, 'Changes in Family Roles'.
15. Radin, 'The Role of the Father', S. 253.
16. M. C. Rau, *Indira Priyadarshini* (New Delhi: Popular Book Services, 1966), zitiert in M. L. Hamilton, *Father's Influence on Children* (Chicago: Nelson-Hall, 1977), S. 33.
17. M. Mead, *Blackberry Winter* (New York: Morrow, 1972), S. 40, 41, 44.

Zu Kapitel 6

1. E. M. Hetherington, 'Divorce: A Child's Perspective', *American Psychologist*, 1979, *34*, 851.
2. E. M. Hetherington, M. Cox, und R. Cox, 'The Aftermath of Divorce', in J. H. Stevens, Jr., und M. Matthew, Hrsg., *Mother-Child, Father-Child Relations* (Washington, D. C.: National Association for the Education of Young Children, 1978).
3. Ibid., S. 163, 170.
4. E. M. Hetherington, M. Cox und R. Cox, 'Play and Social Interaction in Children Following Divorce', *Journal of Social Issues,* 1979, *35,* 26–49.
5. Ibid., S. 38.
6. J. L. Singer, 'Television, Imaginative Play and Cognitive Development: Some Problems and Possibilities' (Vortrag auf der Konferenz der American Psychological Association, San Francisco, Sept, 1977), S. 10.
7. J. S. Wallerstein und J. B. Kelly, *Surviving the Break-up: How Children Actually Cope with Divorce* (New York: Basic Books, 1980); Hetherington, 'Divorce: A Child's Perspective', S. 853.
8. J. A. Fulton, 'Parental Reports of Children's Post-Divorce Adjustment', *Journal of Social Issues,* 1979, *35,* 126–139.
9. Ibid., S. 134.
10. E. M. Hetherington, M. Cox und R. Cox, 'Family Interaction and the Social, Emotional, and Cognitive Development of Children Following Divorce', in V. Vaughn und T. B. Brazelton, Hrsg., *The Family: Setting Priorities* (New York: Science and Medicine, 1979), S. 20.
11. R. D. Hess und D. A. Camara, 'Post-Divorce Relationships as Mediating Factors in the Consequences of Divorce for Children', *Journal of Social Issues,* 1979, *35,* 79–96.
12. Ibid., S. 93–94.

13. J. S. Wallerstein und J. B. Kelly. 'California's Children of Divorce', *Psychology Today,* 1980, *13,* 71–72.
14. Ibid., S. 71.
15. Hess und Camara, 'Post-Divorce Relationships as Mediating Factors', S. 94.
16. J. W. Santrock und R. Warshak, 'Father Custody and Social Development in Boys and Girls', *Journal of Social Issues,* 1979, *35,* 113.
17. Zitiert in J. A. Levine, *Who Will Raise the Children? New Options for Fathers (and Mothers),* (New York: Lippincott, 1976), S. 45.
18. K. E. Gersick, 'Fathers by Choice: Divorced Men Who Receive Custody of Their Children', in G. Levinger und O. C. Moles, Hrsg., *Divorce and Separation* (New York: Basic Books, 1979), S. 320.
19. Levine, *Who Will Raise the Children?,* S. 48.
20. H. A. Mendes, 'Single Fathers', *The Family Coordinator,* 1976, *25,* 439–444.
21. Santrock und Warshak, 'Father Custody and Social Development'.
22. Ibid., S. 116–117.
23. K. M. Rosenthal und H. F. Keshet, *Fathers without Partners: A Study of Fathers and the Family after Marital Separation* (Totowa, N. J.: Rowman and Littlefield, 1980).
24. J. Bernard, *Remarriages: A Study of Marriage* (New York: Dryden Press, 1956); H. B. Biller und D. L. Meredith, *Father Power* (New York: David McKay, 1974), S. 292.
25. Wallerstein und Kelly, 'California's Children of Divorce', S. 74.
26. Ibid., S. 76.
27. C. Longfellow, 'Divorce in Context: Its Impact on Children', in Levinger und Moles, Hrsg., *Divorce and Separation,* S. 289.
28. N. Zill, 'Divorce, Marital Happiness, and the Mental Health of Children: Findings from the Foundation for Child Development National Survey of Children' (Vortrag für den National Institute of Mental Health Workshop on Divorce and Children, Bethesda, Md., 1978).

Zu Kapitel 7

1. M. Green, *Fathering* (New York: McGraw-Hill, 1976), S. 216.
2. H. Bohen und A. Viveros-Long, *Balancing Jobs and Family Life: Do Flexible Work Schedules Help?* (Philadelphia: Temple University Press, 1981).
3. J. A. Levine, *Who Will Raise the Children? New Options for Fathers (and Mothers),* (New York: Lippincott, 1976), S. 91.
4. E. Gronseth, 'Work-Sharing: Adaptations of Pioneering Families with Husband and Wife in Part-Time Employment', *Acta Sociologia,* 1975, *18,* 218.
5. Ibid., S. 219.

6. D. Maklan, 'The Four Day Workweek: Blue-Collar Adjustment to a Nonconventional Arrangement of Work and Leisure Time' (Dissertation zur Erlangung des Grades eines Doktors der Philosophie, University of Michigan, 1976), zitiert in J. P. Robinson, *How Americans Use Time* (New York: Praeger, 1977).
7. Robinson, *How Americans Use Time;* G. Russell, 'Fathers as Caregivers: Possible Antecedents and Consequences' (Vortrag vor einer Studiengruppe über The Role of the Father in Child Development, Social Policy, and the Law, University of Haifa, Israel, 15.–17. Juli 1980).
8. M. E. Lamb und S. K. Bronson, 'The Role of the Father in Child Development: Past Presumptions, Present Realities, and the Future Potential', in K. Berry, Hrsg., 'Fatherhood and the Male Single Parent', (Vortrag auf einer Konferenz über Fatherhood and the Male Single Parent, Omaha, Nebr., Nov. 1978).
9. Russell, 'Fathers as Caregivers'.
10. Ibid.
11. N. Radin, 'Childrearing Fathers in Intact Families: An Exploration of Some Antecedents and Consequences' (Vortrag vor einer Studiengruppe über The Role of the Father in Child Development, Social Policy, and the Law, University of Haifa, Israel, 15.–17. Juli, 1980).
12. N. Radin, 'Childrearing Fathers in Intact Families with Preschoolers' (Vortrag auf der Jahresversammlung der American Psychological Association, Toronto, Sept. 1978), S. 120.
13. Ibid., S. 23.
14. Russell, 'Fathers as Caregivers'.
15. Levine, *Who Will Raise The Children?* S. 153.
16. J. S. Chafetz, *Masculine, Feminine or Human* (Itasca, Ill. 1978), S. 197.
17. A. S. Wente und S. Crockenberg, 'Transition to Fatherhood: Lamaze Preparation, Adjustment Difficulty and Husband-Wife Relationship', *The Family Coordinator,* 1976, *25,* 356.
18. R. Lind, 'Observations after Delivery of Communications between Mother-Infant-Father' (Vortrag auf dem International Congress of Pediatrics, Buenos Aires, Oktober 1974).
19. R. D. Parke, S. Hymel, T. G. Power, und B. R. Tinsley, 'Fathers and Risk: A Hospital Based Model of Intervention', in D. B. Sawin, R. C. Hawkins, L. O. Walker und J. H. Penticuff, Hrsg., *Psychosocial Risks in Infant-Environment Transactions* (New York: Bruner/Mazel, 1980).
20. J. Dickie und S. Carnahan, 'Training in Social Competence: The Effect on Mothers, Fathers and Infants' (Vortrag auf dem Biennial Meeting der Society for Research in Child Development, San Francisco, April 1979).
21. P. R. Zelazo, M. Kotelchuck, L. Barber und J. David, 'Fathers and Sons: An Experimental Facilitation of Attachment Behaviours' (Vortrag auf dem Biennial Meeting der Society for Research in Child Development, New Orleans, März 1977).

Register

Das Kind und seine Entwicklung

Außer dem vorliegenden Buch sind erschienen:

Tom Bower
Die Wahrnehmungswelt des Kindes
94 Seiten, kartoniert ISBN 3-12-921540-9

Judy Dunn
Lust und Unbehagen bei Kleinkindern
136 Seiten, kartoniert ISBN 3-12-922030-5

Catherine Garvey
Spielen
155 Seiten, kartoniert ISBN 3-12-922960-4

Ruth S. Kempe/C. Henry Kempe
Kindesmißhandlung
173 Seiten, kartoniert ISBN 3-12-934310-5

Aidan Macfarlane
Die Geburt
135 Seiten, kartoniert ISBN 3-12-924510-3

Zick Rubin
Kinderfreundschaften
140 Seiten, kartoniert ISBN 3-12-936640-7

Rudolph Schaffer
Mütterliche Fürsorge in den ersten Lebensjahren
140 Seiten, kartoniert, 2. Aufl. 1982 ISBN 3-608-93022-1

Daniel Stern
Mutter und Kind. Die erste Beziehung
172 Seiten, kartoniert ISBN 3-12-927980-6

Nicholas Tucker
Was ist ein Kind?
142 Seiten, kartoniert ISBN 3-12-928011-1

Klett-Cotta

Elise Freinet

Erziehung ohne Zwang

Der Weg Célestin Freinets

Kindgemäß und natürlich zu erziehen war das Ziel Célestin Freinets. „Mein einziges Talent als Pädagoge", so schreibt er, „besteht darin, daß ich mich meiner eigenen Kindheit sehr gut erinnern kann. Ich fühle und begreife als Kind die Kinder, die ich erziehe und erkenne als Erwachsener zugleich die Irrtümer einer Wissenschaft, die ihren Ursprung vergessen hat".

In diesem Buch beschreibt die langjährige Berufskollegin und Ehefrau Célestin Freinets die Anfänge, Motive und Ziele der pädagogischen Bewegung, die von ihm ausging. Sie erläutert die wichtigsten Begriffe der Freinetpädagogik und vermittelt dadurch allen Lehrern und Erziehern, die eine wirklich kindgerechte Erziehung wollen, eine Fülle pädagogischer Anregungen.

Übersetzt und mit einem Vorwort versehen von Hans Jörg.
1981. 189 Seiten, kart.
ISBN 3-12-932420-8

Klett-Cotta

Violet Oaklander

Gestalttherapie mit Kindern und Jugendlichen

Das Buch gibt einen guten Einblick in die gestalttherapeutische Arbeit mit Kindern und Jugendlichen. Es wendet sich an alle, die mit Kindern zu tun haben: Psychologen und Therapeuten, die in ihrer Arbeit mit Kindern nach neuen Wegen suchen; Lehrer, die erkannt haben, daß die Gefühle eines Kindes beim Lernen eine wichtige Rolle spielen; Eltern, die ihren Kindern näher kommen wollen und die vielleicht wissen möchten, was in der Beziehung zwischen dem Therapeuten und dem Kind geschieht; an alle, die im psychosozialen Bereich tätig sind, aber vor der Arbeit mit jungen Menschen zurückschrekken – nicht etwa, weil sie Kinder nicht mögen, sondern weil sie nicht so recht wissen, wie sie dabei vorgehen sollen. Es ist auch für Erwachsene geschrieben, vielleicht wieder ein Gefühl für ihre eigene Kindheit bekommen möchten, um sich heute, als Erwachsene, besser zu verstehen.
Die Autorin beschreibt die gestalttherapeutische Arbeit als organischen Prozeß, in dessen Verlauf die Kinder ihre Gedanken, Phantasien, Gefühle und Ängste zum Ausdruck bringen, um so ein Gewahrsein für sich selbst und ihre jeweils eigene Welt zu entwickeln.
Kinder haben eine Fülle von Ausdrucksmöglichkeiten, denen eines gemeinsam ist: das Spielelement. Es ist eindrucksvoll zu sehen, wie eine Therapeutin, die den lebendigen Kontakt zu ihrer eigenen Kindheit nicht verloren hat, diese Ausdrucksmittel nutzen kann, um Kindern eine freiere Entwicklung zu ermöglichen.

Vorwort von H. Petzold
Aus dem Amerikanischen übersetzt von Klaus Schomburg und Sylvia Schomburg-Scherff
408 Seiten, Bibliographie, kart.
ISBN 3-12-906221-1

Klett-Cotta